生活視窗 56

野薑花的朋友

伶姬◆編著

我從南投博幼基金會回來了

伶姬

週四一大早七點半與泰山企業總經理詹先生等人會合，三男一女往南投出發，直到週五晚上十一點才回到家。兩天繞了南投縣信義鄉一大圈，還有埔里，可是……。

我才發現，有好幾位「地藏王菩薩」正在那兒「非常非常努力」的「默默」付出。回程中，四個人好感慨。博幼和創世很類似——「專揀別人不做的來做」。

當創世初創的時候，我就試著去了解他們，也盡可能幫助他們。而今，我卻發現博幼正在做的比創世還要「艱難」，還更有意義。

去年九月份「伶姬因果觀同好會」南北網聚時，參加的網友們會中熱烈的分享因果故事。在網聚後，許多人將自己的因果故事與現實狀況相印證，上網來分享。因此才有《野薑花的朋友》出書的構想，野薑花是指原住民的小朋友。山上的小朋友很純真很自然，他們就像是野薑花，而這兒的我們都是他們的朋友。

爲博幼而寫

Linda，劉玲伶
台北市立聯合醫院
過敏免疫風濕科主任

有一次，我得到與伶姬面對面的問事機會。事後，我希望把問事的因果與現實的狀況寫出來，並上網分享，但是寫來寫去總覺得味道不對。我曾把故事寄給伶姬，結果在網聚時，伶姬笑我：「寫故事不簡單吧！」說眞的，若不親身體驗，實在不知其中辛苦。

說了半天，我要提議的是，參加網聚問事的朋友，既然你們可以上網，基本上文字表達的能力沒問題。不妨大家都試試看，把自己聽到的、感覺到的寫下來。然後，其他的網友們再一起討論或補充，這樣不但自己成長了，也不會「妨礙別人的成長」。再者，這些日子參加網聚問事的人數破紀錄，所以更需要大家一起動腦動手，才不會辜負伶姬特地穿彈性襪賣力的演出，整個網聚才算圓滿完成。

並不是所有的事都可以歸咎於「過去因，今世果」，相反的，我們的作為很可能是「今世因，來世果」。伶姬不辭辛勞的不斷開座談會、演講、出書，為的是什麼?就是為了要推廣因果理論，讓更多的人知道「善有善報，惡有惡報，不是不報，時間未到」，每一個人都要為自己的所作所為負責。在TVBS電視台的網站，伶姬被攻擊最激烈的是她的因果理論沒有很多的見證人，她無法提供現實狀況與因果理論相對照，甚至作見證。

這次伶姬與網友們計畫把「過去世的因果故事」與「這一世實際的生活狀況」做個比較，大家一起來見證「因果」。書名定為「野薑花的朋友」，大家把版稅捐出來，資助財團法人南投縣的「博幼社會福利慈善事業基金會」，援助當地弱勢的小朋友作為教育基金，希望網上的朋友們，大家一起來!

網友們的第一步

Linda

如果要選「看伶姬書最多次」的人，我不敢說自己是第一名，但我一定是排列在前面的幾位之一。有些人把伶姬的書當作靈異故事或是另類小說，而我在接觸伶姬的書與人之後，則認爲「因果輪迴轉世法則」應該是一項極科學化的設計，它需要驗證。「世界之大，無奇不有」，有時我們看不見，聽不到並不表示不存在，唯有開放我們的心靈，不用「先入爲主」的觀念來束縛自己，我們才有機會知道更多更好的訊息。伶姬她是通靈人，她相信這套因果循環理論，也希望大家一起來驗證，來挑戰。她的種種作爲都是爲了要推廣「自己要爲自己的所作所爲負責」，也希望不要誤導別人。

伶姬曾說：「如果不曾親自參加過我的座談會，如何了解我的運作模式？如何了解因果？如何與我合作因果相關的研究？」的確如此，所以我「察其言，觀其行」，近距離的觀察她，看她的種種作爲。我親自參加一對一問事，參加座談會，她也知道我在挑戰她，而不是在幫她背書，但是她卻慷慨的接受挑戰。這一切都是因爲我雖然認同伶姬的說法與做法，我也怕自己有盲點，因而誤導大家。

在「伶姬咖啡屋」與「奇摩伶姬因果觀同好會」的網站上有很多人不知道我是「醫師」，因爲我在網站上發表與參與的身分是「網友」，而非以「醫師」的身分加入。曾有網友（她也在醫院服務）知道我是「醫師」，她寫信給我：「……雖說眞有不可思議的事情發生，但『醫師』會相信因果輪迴而勸世行醫，眞的是不多見。況且我們是『科學教育的產物』，我們要相信『醫療數據』，儘管有些病痛原因不明。但是，醫者父母心，無論如何總是想要想盡辦法去尋找『根源』。不過，仍是以『科學醫療數據』爲主……」她說的眞好，說到我心坎裡。

伶姬知道因果，但對於醫療外行，她不知道疾病狀況如何？爲了日後出書不會受到許多質疑，我覺得需要說明文稿整理者就是我Linda，也就是劉玲伶醫師。我「大膽假設，小心求證」，在這本書中有許多關於身體的因果，我也是試著以因果的角度去連結疾病的狀況，這是一項新的嘗試，也是未經科學驗證的說法，也有可能是我錯了，這需要時間來驗證，也歡迎大家一起來作善意的討論。

伶姬希望大家寫出自己的「因果故事」與「現實生活」印證的文章，再結集成書捐出版稅的提議獲得網站朋友們的熱烈支持，所以「野薑花的朋友」的徵稿活動就此展開。開始徵稿時，由於伶姬時間有限，所以找我幫忙整理。雖然隔行如隔山，但是既然伶姬找上我，而且知道伶姬、還有許多網友都會幫忙，所以我就上路了。

爲了讓《野薑花的朋友》一書的內容更豐富，伶姬舉辦了多次的問事座談會，網友們也熱烈回應著。當我和伶姬看到抽到問事機會的人竟然都可以上網寫心得，也願意分享時，心中眞有股莫名的感動。伶姬所做的一切似乎逐漸開花結果了，雖然說只是一小步，但是有此結果，我們都覺得很棒！很開心！「大家一起來」眞的不是夢！自助而後人助！而在整理這本書的日子裡，對於爬格子相當陌生的我，也就這麼感染到了那股巨大熱誠而繼續做下去。

《野薑花的朋友》，是由因果故事、印證與迴響，以及衆多網友們的熱心分享集合而成。當我在整理大家所分享的因果故事時，我就會思考這整個因果故事所帶給我們的學習方向是什麼？因果當事人的心結是什麼？為什麼會如此？老天爺如此安排的目的又是什麼？是否有任何不合情理的地方？當我有疑問時，我會請教伶姬。在此，也謝謝她不厭其煩回答種種疑問，並糾正錯誤。我把這些都當作是自我的學習，也融入到書裡與大家分享。

當然最感謝的是雅虎家族「伶姬因果觀同好會」的家長、副家長們的幫忙，尤其是拿破崙、泳心、如玉，還有小萬等人，大夥兒一起幫忙潤稿與收集網友們的文章。我們先把網友們分享的文章整理成相同的格式，然後我會試著以因果的角度去解釋這些狀況，最後伶姬再作總整理與修改。這其間，我們也與文章作者來來回回溝通文章內容，也請作者補充說明。這一切的一切，都是網友們大家合作的成果。雖然是第一遭，但是我相信只要跨出了第一步，就一定會吸引更多有心人士用實際的行動加入「助人」的行列。

目次

◆野薑花的朋友……10

阻礙別人的成長

事業的因果

身體的因果

自殺

意外死亡

心結

欠債還債

有恩報恩

學習

考試

通靈人的因果

人格特質

獨行俠

燕居

問事業因果

過去世的我住在一個村莊裡，個性孤僻，不愛甩人。有一天，村裡一戶人家辦喜事，遍發喜帖請客，唯獨漏掉我，讓我感到顏面盡失。我惱羞成怒，心思報復，竟然在全村共用的水井下毒，想害死所有的村人。所幸毒藥使井水變色，村民發現有異，就不敢飲用，而我則畏罪潛逃無蹤。

伶姬說，雖然沒有人被毒水傷害到，但是過去世的我「惡念」已起，所以這世的懲罰就跟著我。我現在最要緊的補救之道，就是好好的修補人際關係，這一世我所做過的善事，都只能留待到下一世才能得到福報。她說我這輩子不會成爲有錢人，所賺得的收入剛好夠用而已。

＊印證與迴響

伶姬問：「眞實的情況是怎麼樣呢？」聽到這兒，我已經難過得說不出話來。

我曾在知名企業工作，辛苦的爬升到一個常人難及的地位，也獲得主管機關（交通部）的獎座以肯定我的專業與貢獻，遇有慈善捐款或扶弱濟貧之類的事，也從不落人後。但與我共處過的人都說，我這人雖然很好，能力也很強，卻不喜歡與人來往，是個獨來獨往的獨行俠。

證諸於伶姬所看到的畫面，赫然發現今生的個性與習慣確實受到了前世的影響。我喜歡鄉野田間的居住環境，個性較冷調，與人保持距離，不喜被人打擾。雖對事盡心盡力，但卻疏於與人交際，這些都吻合。

奇妙的是，結婚時，甚至沒發喜帖宴請任何人。而在工作職場，也經歷過大家呼朋引件聚餐或遊玩，我勉爲其難地參加，卻表現出不投入，甚至提早退場的莫名行爲。在我拒絕幾次邀約之後，逐漸不再有人找我參加。同事甚至會在分點心或糖果時，故意在衆人面前省略過我，擺明了給我好看。至於暗中扯我後腿、誣告陷害的，更是多不勝數。這世的我遇到眞正無法解決的問題時，會採取逃避或結束一切重新另起爐灶的手法，絕無妥協或向人低頭的可能，也就是ＩＱ不低，ＥＱ卻很低。

＊後記

伶姬的回答直接又震撼，往往讓發問者招架不住，眞正的壞人不敢來到她面前，她的存在對啓迪人心、改過向善、淨化社會能發揮一定的作用。「善有善報，惡有惡報，不是不報，時候未到」、「若問前世因，今生受者是，若問來世果，今生做者是」、「莫因善小而不爲，莫因惡小而爲之」，這些都是淺顯易懂的道理，卻往往因爲疏忽而在無意中犯下錯誤還不自覺。

聽說有人在看過蔡伶姬的書後，再也不敢用辦公室的紙影印私人的文件，還有人連餐廳的面紙都不敢多取。伶姬自己也說，當她了解到報應不爽的因果關係後，她連上廁所時，看到別人投在垃圾筒外的髒東西，都會順手撿起來。啊哈！如果你在上班時間用辦公室的電腦收發私人電子郵件的話，該如何補救，自己應該知道吧？

伶姬的通靈方式不同於一般通靈師，大部分是以座談會的方式舉辦（雖然也有一對一的問事服務，但是，伶姬認爲參加座談會，藉由衆人的因果案例可以讓在場的朋友們學到很多，也得到許多的警惕，因此她的問事方式以舉辦座談會爲主），一次十五至二十人參加，且不接受私下發問。在公開的場合，每個人一次只能提出一至二個問題，題目要簡明直述，限制十個字之內講完（例如：我的身體因果、我與先生的關係、我女兒的人格特質、我父親的事業等等），發問者若從盤古開天說起自己的問題，她會立刻切斷。問的內容必須是自身、夫妻或有血緣關係的親屬的問題；交往中未婚男女的事她不回答，因爲未必會成爲夫妻；肚中的胎兒也不回答，因爲未必會安全來到人世間。還有探人隱私的問題也不回答，諸如我妹夫的財運如何？我同事的能力如何？我鄰居的夫妻感情如何……之類的。希望大家在發問之前能先看過她的書，對因果業報有個初步概念比較容易進入狀況，以免浪費寶貴的時間。

＊伶姬

雖然本文是問事業的因果，但是在「後記」的部分清楚說明我問事服務的方式，爲了讓讀者們在看本書之前先有個簡單的概念，所以將本文列爲首篇。

＊Linda

當事者問「事業」，而在因果故事中顯示他「作惡」，下毒意圖傷害村民，所以在因果輪迴的法則中「事業」會「不順」。當事業不順時，就只能乖乖上班，不能合夥，更不能創業。雖然只是上班而已，但仍然會不順，會有許多莫名的人事來阻礙。所以只能利用「有智慧的行善」來調和過去世「作惡」所帶來的「不順」，而且行善的加分，只能從不順的「負分」加到「零分」，其他多餘的加分，只能留到下一世才會有福報。因此，伶姬才會說當事人「這世所有做過的善事，都只能留待到下一世才能得到福報。而且這輩子不會成爲有錢人，所賺得的收入剛好夠用而已。」（請參考《如來世4——因果論二》第一篇〈職業〉的詳細說明）

＊補記

獨行俠甫於九十五年一月中旬，辦完邀請日本藝妓來台灣表演宣傳之業務，原先答應出資贊助此項活動的單位中，除了四大扶輪社始終信守承諾之外，某旅館藉修改外國人來台工作合約之便，與出版社、旅行社三方聯手花招百出的欺騙當事人。

活動結束後，獨行俠找來法律顧問準備訴諸法律途徑，卻在同一天接到伶姬老師的完稿通知。獨行俠回想起這一切的不順皆爲因果關係，體認到唯有放下因果，致力行善積極向上，才能跳脫冤冤相報的惡性循環，獨行俠立刻流下悔恨的眼淚，毀棄備妥的訴訟狀，讓一切隨風而去，該還的就讓人討回去吧。

＊伶姬

謝謝獨行俠的補記，但是請您注意一下，您怎知某旅館就是過去世的債權人呢？您這麼做是否會讓這一世「行惡」的人有了「因果的藉口」呢？您是否「阻礙了別人的成長」呢？如果大家都像您這樣，那這個社會又會如何呢？

舉個例，甲如果「惡意」倒會，是否可以向所有的債權人說：「因爲你們過去世欠我錢，所以我這一世來要回來。」

再舉個例，乙如果「不小心」撞死了人，是否可以向死者家屬說：「因爲死者在過去世曾經害死我。」

行善，需要慈悲與智慧；同樣的，還債，也需要智慧型的還債。我常說：「不應該把這一世的遭遇通通認爲是過去世的『因』，這一世『果』。正確的因果生活態度是——把這一世的所作所爲都當做是這一世的『因』，未來世的果。」

「凡事要盡力，當盡力之後，才有權利說——順其自然吧！」我的建議是：「請訴諸法律行動！」

女扮男裝的小生

莎莎

問女兒的人格特質

在某一世，她是一個從事戲曲表演而且是女扮男裝的小生，因此行事風格及打扮在這一世依舊會比較像「男性」，有點類似常常在歌仔戲中扮演男性的知名女演員楊麗花。

＊印證與迴響

大女兒今年十九歲，從小就不玩娃娃。小時候，她的眼淚就可以收放自如，能轉眼間淚眼朦朧，串串淚珠滾下來，但下一秒鐘又馬上破涕為笑。我們常笑她，說她的眼睛像水龍頭，說開就開，一開就有串串的淚珠滴下，一關就馬上停水了。

女兒從小學開始就不做女生打扮，玩具不是刀就是槍。小時候女兒的小堂哥，對於這個會搶他玩具的小堂妹總是百思不解。她有些眼高手低，不切實際，還有極度的不安全感。她也愛做男生的活動，小時候會跟男生一起打棒球、學跆拳道、溜冰；高中參加滑板社，運動神經非常好，動作乾淨俐落；升大學的暑假去學街舞，但是女生的活動，就似乎不大行。

在這次問事之前，我也曾經請教過伶姬有關大女兒的兩個因果故事，在那兩世裡，大女兒都是「意外死亡」。伶姬說過因為意外死亡的關係，所以在這一世裡，她會有極度的不安全感。的確，每當大女兒遇到壓力很大的狀況時，就會有莫名的逃避行為。大學學測之前，看了女兒種種的逃避行為，我不禁要搖頭。

女兒對於課堂上的許多演出都滿投入，甚至不計形象的演出也在所不惜。她認為既然要演戲，何必如此放不開呢？在高中時，她在學校的分組戲劇表演忘情的演出，雖然被叫「台客」也在所不惜。高三的愚人節時，自願滿臉人工血的假扮受傷，每一堂課都嚇唬老師，這樣也可以玩一整天。高中畢業前，正當大考緊張的氣氛籠罩整個班級時，她被推選為畢業典禮致答辭與帶領班呼的班代表。於是，大家都在埋頭苦讀時，她卻一頭栽進節目策劃的工作，一個人絞盡腦汁就只期待演出達到最佳效果。

*後記

伶姬說她之所以會如此，是因爲前世的她一直努力卻未能成爲男主角，所以耿耿於懷。至於她喜歡玩槍，應該是那一世在表演時，經常拿長矛之類的武器！不妨讓她去參加戲劇社或類似的舞台表演活動，因爲那曾經是她的專長，因此她在表演中比較能夠得到成就感，尤其情緒不佳時，更可以藉由角色的扮演來舒緩壓力。

虎頭蛇尾的人

好變的魚

問人格特質

在過去世，有一個人在田中割一種植物，但那植物不是稻草，因爲長得比人還高，也不像蘆葦，因爲也不像蘆葦般的結穗，反正不曉得是什麼樣的植物就是了。

伶姬指出：「這種人有心栽種，卻又無心照顧，使得種植的植物荒蕪到沒有收成的價值，最後還得浪費力氣在那兒收拾殘局，先前努力的心血都白費了。這樣的人格特質，是『虎頭蛇尾』的做事態度。這種態度如果延伸到事業，那麼事業是不可能順利、成功的。如果用在婚姻方面，那麼最後很容易讓人忽視他的存在。」

＊印證與迴響

沒錯！嚴格說起來，自己眞的很多事都虎頭蛇尾，因爲我很容易對事及對人有所妥協，常自己忙得團團轉，爲了幫某個人（或事情），失去了自己原先設定的目標。

例如，當完兵後，我本想考托福出國念書，結果念了半年的英文補習班後，爲了家庭的需要，我提早進入職場。我沒有堅持當初的立場，以至於無法完成年輕時的夢想。而到了有自己的家庭後，爲了照顧家庭及小孩，我放棄了與一般朋友或同事的聚會，也放棄了再進修的機會。我努力照顧家庭，到頭來反而被說成做事像個獨行俠，不喜歡跟團體行動。學歷低卻當上長官，指揮學歷高的工程師……。在家庭中，我變成沒有原則、沒有規劃的人。家庭及事業蠟燭兩頭燒，但我都沒得到好下場，把自己搞得像廢人一樣。

事情總是一體多面，無法面面俱到，沒有好下場也就算了，可是到頭來還被人嫌，連身邊的親人也嫌，就會常常搞得自己心灰意冷，想提早離開這個環境或世界。要不是爲了兩個還小的小孩，我可能眞的會做出傻事，所幸看了老師的書後，我就不再去想了。

做好人眞的那麼累嗎？如果我硬照著自己的想法或理想去做，得到了我需要或想要的之後，是否一樣會失去原先的一切呢？我常常問自己這樣的問題。

如今我知道了，如果每件事都太關切別人的想法，卻失去了自己的執著，連帶地也會失去了自我，到頭來可能還是白忙一場。與其如此，還不如對自己好一點，照著自己的路去走，讓自己快活一點，不是嗎？雖然我知道要將不好的習性根除並不容易，但我願意「一步一腳印」地去更正以往的過失，活出眞正的自我。

＊Linda

你對自己的缺點了解的很淸楚，但是對自己的優點卻不在意。你認爲自己有何優點？爲什麼老闆會任命你擔任主管，讓你以低學歷來領導高學歷的工程師呢？如果你是老闆，你會如何做？在因果的畫面中，伶姬並沒說你種的植物不對，只是你沒有持續地努力，所以才會沒有結果。對照現實的生活，你也是如此。你原先設定的目標並沒錯，只是都沒有做到有始有終。

茉莉供佛

Huali

問人格特質

老師看到的畫面是：我家是種茉莉花的農戶，儘管家裡很窮，但是我卻寧願把茉莉花拿去供奉觀世音菩薩，也不願意拿出去多賣一些。老師的意思是說我是個很迷信的人。

＊印證與迴響

在座談會中，當老師解說完我的因果故事之後，轉頭問我有什麼問題？其實當時我想知道的不是這個，可是那個茉莉花啊，老師卻的的確確說對了！直到這一世我還一直會買一兩串茉莉花回家供奉觀世音菩薩。

至於迷信呢？舉例來說吧！我會在家中掛鏡子、貼咒語等等，我很敬畏它們的力量，不管靈不靈，我認爲只要我相信就會有效。我也曾朝山，目的在懇求菩薩幫助我度過困境。曾經花了五萬元爲老公立了冤親債主蓮位（關於這一件事，直到現在還是秘密），還曾被某個星座老師騙了一點錢。在認識蔡老師之前，我從來就沒有想過要回過頭來檢討自己。

本來當時我想問的是：「我的財務重擔何時才可以卸下？」但是聽到老師回答我的問題之後，我知道它多少反映了我的個性。我確實就像個愚蠢的村婦，一個濫慈悲的濫好人，我常常買茉莉花，就因爲我沒來由的喜歡它。之所以愛它，是因爲它會讓我想到要供佛；再來，也是因爲我覺得那些穿梭在車陣中的人好可憐，一串茉莉不過二十元而已，幹嘛不幫幫人家呢？我喜歡幫助人，也期望我的善舉能感動老天爺，更希望老天爺不要讓我活得很辛苦，可我卻沒想到此舉會害了那些可憐人。

自從讀了老師的書、認識老師之後，我一直一直在反省自個兒：「爲什麼我這世的命運這樣不好？」我深深明白這是果，而我在還債；但它卻也是因，是讓我爲未來的某世積福。至於「認識了眞正的內心後，我會怎麼做？」我清楚自己還是會買花，但是不會再跟穿梭在車陣的他們買。如果我在車潮中碰到了他們，我將會勸請他們離開。現在我也已經修正自己的想法和做法，並且實際上也已這樣做了。

＊Linda

「修行」就是修正自己的行爲，而且「天助自助者」。只要我們不放棄努力，逐漸轉變我們的心念，以有智慧的慈悲去做事，那麼就很容易吸引善心人士來幫助我們，最後連菩薩也會不甘示弱來湊一腳的。這一切都要從我們自身做起，而不是外求可得的。

近期社會新聞曾報導——公路上叫賣玉蘭花，也可能違反道路交通管理處罰條例第七十八條。隨意穿越馬路，以社會秩序維護法第七十九條規定，於公共場所叫賣物品、妨害交通，且不聽勸阻，都可以罰款處分；甚至於在重要交通要道，經常可見派報生於路口散發廣告傳單或者販賣玉蘭花，係違反「道路交通管理處罰條例」第七十八條一項四款：「行人於交通頻繁之道路或鐵路平交道附近任意奔跑、追逐、嬉遊或坐、臥、蹲、立，足以阻礙交通者」，須處以新台幣三百六十元罰鍰，或施以一至二小時之道路交通安全講習。

想寫書法的愚人

瑾

問人格特質

師：我看到一個人，手裡拿著毛筆，正打算寫毛筆字。然後，還看到妳打算磨墨。

瑾：嗯。（瑾的雙眼睜得大大的，因為立即想到小學最喜愛的就是既寧靜優雅又藝術的書法課氣氛。）

瑾：我小時後真的最喜歡的就是書法課哩。

師：妳磨墨就磨墨啊，可是妳卻總覺得墨磨得不夠黑，所以就這樣一直磨來磨去。妳的人格特質就是「修盯經」（台語）。

瑾：啊？「修盯經」？

師：就是太謹愼的意思。

瑾：喔……。（咦？我會嗎？我疑惑了。）

師：像妳這種人格特質的人，會特別對應到「婚姻」喲。妳對自己要求很高，對另一半也會要求嚴格，就連小孩也是，所以娶到妳的人眞的很辛苦。在場的未婚男士，可千萬不要自討苦吃。（哈，全場哄堂大笑！）

瑾：說眞的，年幼的姪女們上廁所時，我會一個步驟一個步驟的提醒她們耶。（連我也笑了，因爲立刻想到自己特別注意四姊的小孩，因爲她們的個人衛生有待加強，另加上瑾有時候是挺遲鈍的人，還不知道事情嚴重性。）

師：嗯，對！所以像妳這樣的人，老天爺會特別開妳的玩笑，特意安排一位和妳個性完全相反的人當妳的配偶。

瑾：喔？（天啊！我眞是來學習、來考婚姻關的嗎？）

師：他會特別的浪漫喲。（全場興起一陣羨慕的笑語聲！）

瑾：啥？那是指他會特別脫線嗎？（嚇到！）

師：不是！不是！是老天爺強迫妳要開始學浪漫了。（哇哩咧，浮在我臉上的只有三條線。）

瑾：浪漫？（我眞的語塞了。天呀！會不會太天馬行空、太難了點！）

瑾：可是我以前認識的異性，都很愛乾淨，也會要求自己整整齊齊咧。（比較之下，反而是我自己很漫不經心。）

席間，網友們的聲音響起：「那是男生婚前表演給妳看的啦！」（啥！太扯了吧，雖然我聽說過婚前婚後兩個樣的事情。但我？會發生在我身上？）

師：對！建議妳婚後和這樣的對象相處，不用凡事都要求對方配合妳。他做他的、妳做妳的就可以啦。（大概這樣可以減少摩擦吧！）

瑾：那乾脆分開住就好啦！

席間，網友們的聲音又再度響起：「分開住？那幹嘛還要結婚咧！」（全場又是一場愉快的笑聲。）

瑾：乀，我說的分開住是指一人一個房間睡呀。（我還挺得意自己的腦筋靈光，能一反剛剛的遲鈍，馬上回嘴說出這種新潮的婚姻解套方法哩。）

老師眼神充滿笑意，笑而不答，用過來人的眼神看著我的天眞。席間，網友們還是開心得哄堂大笑。

瑾：老師，那爲什麼有時候我會搞不淸楚自己到底想做什麼呀？

師：那當然囉！妳一直在磨墨，請問，妳到底什麼時候才要開始寫毛筆字呢？

瑾：喔！（眞是茅塞頓開呀。）

＊印證與迴響

還記得，當時是在老師感恩二手書義賣會的義工們而回饋的座談會。起初，瑾自認爲是個反省能力超強的人，當然對自己的缺點也很有自知之明。不過，人活著若總是戰戰兢兢也很累，所以總有些壞習性。比如當虛榮心、愛面子、慢吞吞……等等佔上風，而壞習性又壓抑不住時，瑾總會安慰自己，樂觀的想著——「別把自己逼太緊了！學習包容自己的錯吧。」但也因此，在當天開口問「人格特質」前，瑾就已經料想到大概會出糗吧。

後來，輪到瑾的時候，老師低頭沉吟了一會，瑾憋著氣息、心臟咚咚咚的響著，腦海裡一個一個閃過的，都是自己改不掉的缺點（心虛得如數家珍了）。

結果，老師一開口，瑾著著實實愣住了。咦，哪ㄟ安捏，我會嗎？

那天之後，瑾反覆咀嚼自己曾問過的四個問事答案，如工作、婚姻、人格特質和哥哥的因果等，才發現矛頭都指向自己的婚姻。

那天，還特地問自己與哥哥的因果關係，老師像發現新大陸似的說道：「原來妳會有這樣謹愼的人格特質，是因爲事出於此（見〈那夜的一把火〉）。像妳這樣的個性，如果要走入婚姻，可能就會因爲無法放下心來而躊躇不前。」

＊後記

針對老師給瑾的答案，有些是牽涉到未來的預測，目前還無法印證。但據身邊的好朋友說，瑾在感情方面的確太過謹愼了。有朋友建議瑾，若老是一天到晚擔心後果不夠完美，那什麼事情也都無法有進展。想到，就去做吧！（瑾已經謹記在心。）

願以此故事，期勉像我一樣對婚姻躊躇不前者，讓我們共勉吧。

哭泣的小丑

成

問人格特質

這是一則在舞台上盡職表演，帶給觀眾快樂，背後卻在哭泣的小丑故事……。

一位大男生問人格特質，一開始，老師要現場的網友們從大男生的外表「猜猜看」他有什麼樣的人格特質，同時還提示大家，從動作上就可以看得出來。「怕生、畏縮、滿機靈的、內在優越感、滿有禮貌的……。」這是眾多「伶姬因果觀同好會」網友們憑直覺給大男生的評價。

*印證與迴響

老師的答案又是什麼呢？「畫面是一位小丑，在舞台上很盡職的表演，但是一退到幕後，卻一個人獨自的在哭泣。」一直到現在，大男生才了解到，爲何在工作上總是想盡快的把主管所交代的工作做完，就算是假日加班沒有加班費，薪資不多，自己吃虧還被人說是傻蛋，也只想趕快完成。

老師說：「這位男生的人格特質是比較會壓抑自己的想法！」大男生心想夠資格壓抑嗎？這可不是什麼值得驕傲的事情……。老師接著說：「這種人不容易讓別人發現自己眞正的內心感受，因爲小丑總是帶給別人歡笑，可是卻把孤單留給自己。」男生這也才了解爲何在日常生活中、工作上，明明自己也會用得到的東西，卻因爲別人有需要，就會馬上拿出來讓給他人使用，等到自己需要了，才再花錢去買一個。也許是因爲過去世當小丑的習性使然吧，那種「帶給別人快樂，卻把痛苦孤單留給自己」的生活模式，原封不動甚至更嚴重的帶到了這一世。

老師又說話了：「在這一世裡，朋友不但不太了解他，而且也不太能夠接受他。」或許就是因爲小丑的關係，以至於男生這一世散發出來的磁場，朋友比較不容易了解。雖然大男生很有心，也很主動釋出善意去結交朋友，可是，最後還是不了了之。直到今天，大男生還是很孤單，所幸他會自己找事做，所以孤單所帶來的負面影響不大，而且不會持久。

大男生認同伶姬老師在書中所述改變個性的重要，所以，他試著改變自己，化被動爲主動，可是也要別人肯給機會呀！如果主動釋出善意一次、二次、三次，還是沒回應，那也很無奈啊！交朋友需要如此委曲求全嗎？在這功利的社會裡，大部分的人別說給三次機會，通常一次也不想給……，連理也不想理。大男生不禁懷疑是哪個環節出了問題，眞的是磁場的關係嗎？

老師開導大男生：「眞的！你自己眞的要懂得做情緒上的排解。」老師還安慰他：「由於前世是小丑，經常站在舞台上面對觀衆，所以很容易訓練自己成爲一個可以面對大場面的人，我看好你的未來，但先決條件是——小丑是帶著面具的，所以你必須先學會排解掉面對事情所帶來的負面情緒，唯有能夠處理自己的情緒，你的未來才能夠有所突破。」老師的說明就到此告一段落。

＊後記

也許是因爲前世當小丑，經常離鄉背井到處飄泊、表演，無法歸鄉的因素，在這一世裡，大男生如果夜晚過了十一點，還在外頭到處遊蕩未歸，內心就會感到不安（毫無任何理由的不安）。在家裡面可以深夜兩、三點未睡覺，但就是沒有辦法深夜兩、三點還在外面遊蕩。大男生隨著年齡的增長，戀家的感覺越強烈。想起以前在外求學、居住，心想父母管不到了，可以好好匪類了（台語）。然而事與願違，一過兩、三點未回到住處，潛意識徬徨無助的感覺就會在內心深處發酵，只想趕快回家。所以，大男生常嘲笑自己是有門禁的大男生。

在現實生活中，有時候遇到無法排解的事情，那種苦就好比啞巴吃黃連，有苦說不出，只能任由徬徨無助地侵蝕內心。就算用理智的大腦去分析，找出一個最合適的解決辦法；就算用後天的百分之四十盡全力去抵擋，但終歸還是敵不過潛意識心結的百分之六十。大男生只能苦笑的告訴自己：再接再厲吧！(但絕大部分是連苦笑的機會都沒有。)

不過，大男生深知最後還是得靠自己。目前的他若是遇到會挑起潛意識心結的事，已學會了不再逃避，而是設定底線，禁止在此事件上鑽牛角尖。否則，越想越鑽越嚴重，鑽到最後，哇！鑽進死胡同裡了！取而代之的一定是重度憂鬱症或躁鬱症，那再怎麼樣的大場面，再怎麼看好未來，也都枉然！

那位大男生，就是成……。

阻礙別人的成長

表姊妹

茉茉代筆

問女兒的人格特質及母女因果

媽媽跟女兒在過去世生活在一個大家族裡，媽媽的身分是表姊，與女兒是親戚關係。表姊常常跑到表妹的房間裡偷錢，為期頗長的一段時間。由於已經是十七、八歲左右的年紀，不是小孩子了，所以欠的債會比較重，也因為彼此是親戚關係，所以除了「欠錢」之外，還有「欠情」。

老師：這女兒走的是媽媽這邊的因果。她結婚了沒？

我們：還沒。

老師：這個女兒會不會經常跟父母要錢？

我們：嗯，她現在沒在工作，但是媽媽對女兒非常好。

老師：她的命裡正好是媽媽欠女兒錢。還有，她這人思想怪怪的，自傲又有點孤獨，總覺得高人一等，又覺得別人看不起她。這很奇怪喔！你看，兩種不同的個性很難找到一個平衡點，或有一個中心點。如果工作很好，「自卑感」就會出現；如果工作差，又會「自傲」。她在這點上會很累喔！坦白說，她要找到工作確實也滿難的。嗯，應該說，她的婚姻也會很累。

我們：她的婚姻會怎麼樣？

老師：我會建議不要結婚好一點，因爲先生比她好的話，她永遠自卑；先生比她差，她又會想要壓制他，覺得自己高他一等。她是那種不改變自己爲原則的人。

我們：就是要別人配合她？

老師：對、對、對，但怎麼可能這麼好命？這種人很少見，除非是「法官」等比較專業一點的，不然誰甩妳啊？

我們：可是，她是外文系的。

老師：那只好走老師方面的路線，可是老師也不見得多專業，英文老師到處都是。不然就走補習班，比較有競爭，而且可以篩選學生，起碼來念的程度都差不多，因為已經分過級了，就是要找那種有分級制度的補習班，她才適合去教，才有辦法找到一個平衡點，藉由學生來改變她，不然就算她去補習班教，我都覺得她還不一定可以教得好……。

＊印證與迴響

這是三年前的問事內容了，直到日前才由媽媽口中得知，女兒更早之前的確曾在補習班教過幾天英文，但補習班老闆嫌她不夠活潑，不會帶動氣氛……。目前她是有個交往穩定的男朋友，我們也不知道他們有沒有結婚的打算，不過我想應該擔心的是——個性不改的話，即使結了婚，恐怕也問題重重吧。

其實大家都知道老師最鼓勵結婚了，聽到老師竟然認為這女兒不要結婚比較好一點時，我們也嚇到了。女兒自大學畢業後未曾謀過半職，賦閒在家至今已六年，雖有過幾次打零工的經驗，但總不超過二至三個月，也就是從未正式工作過。做媽媽的，也覺得很無奈，認爲該說的也說了，還曾動用所有的關係幫女兒找工作，無奈就是不能如願。媽媽只敢私底下抱怨給其他的家人聽，偷偷難過，卻毫無辦法。只能繼續養著快三十歲的女兒，如今全家人也轉而希望這女兒趕快嫁出去。

老師說，這是媽媽欠女兒的，我們一聽也忘了問這種情況是否會欠一輩子，又說女兒個性很奇怪，不建議結婚。因爲當老公比她弱時，她會生氣；一旦老公比她強，她又會覺得不舒服。唉！我們實在也很無力，告訴當媽媽的這個因果，她聽了也只是嘆氣。我知道，雖然是媽媽欠女兒，但這已經是阻礙女兒成長了。女兒就是仗著父母會養她，所以根本也不想去找工作了。

＊Linda

這個案例中，母親（表姊）在因果上是所謂的債務人，欠女兒（表妹）情和錢，但是不管父母欠兒女的標的物是什麼，也不管欠債的程度多少，既然這一世是兒女的父母，當然就有義務要適當的管教孩子。伶姬的因果論強調的是「悲智雙修雙運」，不管是欠債、報恩、學習、考試或服務，都非常強調「有智慧」的慈悲。尤其在「欠債還債」的因果裡，更要注意「不要阻礙別人的成長」，否則還了舊債，又造了新的惡因。

尼特族（NEET）是指Not in Employment，Education or Training的一群人。這個新興名詞最早出現在英國，是指結束義務教育後，不升學不工作，也不參加職業培訓的年輕人。日本政府去年九月公布的「勞動經濟白皮書」，則定義為學校畢業之後不做家事不上學，也沒有工作意願的十五至三十四歲未婚族群。

台灣到底有多少尼特族？目前官方未進行相關統計，只能從接近尼特族定義的統計數據略窺一二。以去年來說，十五至三十歲非勞動力人口中，未就職原因歸類為「其他」的有八萬八千人，他們沒有工作的眞正原因包括賦閒在家、等待當兵等種種因素，所以扣除等待當兵等因素後，才是眞正的尼特族。

＊伶姬

如果說「尼特族」越來越多的原因是因為「人越來越多，工作機會卻越來越少」，那麼想想看，為什麼還需要進口菲傭、泰勞，為什麼還要到大陸設廠，用那邊的人力……。是的，科技化的結果，現代人的確省事多了，以前的人一生就是八個、十個，現在呢？一個都嫌太多，甚至不婚。原因是什麼？懶！吃不了苦！總想要找尋有沒有機會可以一步登天！不用腳踏實地，一步一腳印的去做事！為什麼會懶？因為媒體老是報導樂透、股票、偶像影歌星的酬勞、官員的貪污、販毒的獲利……。眞有年輕人樂意去做一個小時八、九十元的工作嗎？

擦屁股

老伴

問父子因果

在郊外，有一個小孩大約七、八歲的年紀，老師看到小孩的媽媽在幫兒子擦屁股。故事的背景是這樣的：在過去世，先生為了讓家人過得更好，於是選擇出遠門做生意。即使出門在外，做爸爸的還特別交代媽媽要把兒子教好，可是沒想到媽媽卻一再寵溺兒子。

在那一世裡，我（這一世的父親）就是那個寵溺兒子的媽媽，而出門在外的爸爸卻轉世為這一世的母親，兒子？還是兒子。也就是說，過去世和現在世，三個人都還是一家人的關係，只是夫妻的角色互換。

過去世的媽媽寵溺兒子，讓兒子發號施令、爲所欲爲。爸爸卻自責如果不出遠門做生意的話，兒子就不會被寵壞。很明顯的，過去世的媽媽「阻礙兒子的成長」，而爸爸則是帶著自責的「心結」來轉世。

老師問：「你寵不寵兒子？」

我回答：「應該媽媽比較寵吧！」

太太說：「他才比較寵兒子呢！」

老師說：「你是問父子因果，又不是問母子因果，當然是你比較寵兒子。那算你們夫妻兩個都寵兒子吧！這樣是不好的，如果太寵溺小孩，一定會阻礙孩子們的成長，以後媳婦一定會很怨你的。」

＊印證與迴響

兒子是個善良、重情的小子，對兒女私情看得很重。由於長得還可以，對人體貼又海派，人緣好，所以朋友多，人際關係也不錯，只可惜書念得不好。高中住校，也曾在外租屋，在那個階段，兒子常給我們惹麻煩，我們不知道這小子要如何考大學？其實，他有一點繪畫天分，國小以第一名考進美術班，但是我們住的地方並無國中美術班，再加上捨不得小小的年紀就把他送出國，於是，畫畫就這麼中斷了。

他讀的是綜合高中，所以大學和四技二專都可以報考。兒子從考完學測到高中畢業這段時間，就像個沒事人兒一樣，打工兼玩耍去了，啥事都不管。這下子，可急煞了他老媽，從報名到填志願，都是媽媽一手處理。四技的財金念不來，轉學考還是當媽媽的到處找資料……，反正都是媽媽在幫忙就是了。所以我才會說，應該是媽媽比較寵兒子。我呢？也是很疼、很疼一雙寶貝兒女，或許就是因爲太疼了，才會變成寵溺吧。

這一世我是爸爸，從沒有打過小孩子，要說有的話，也只是捲起紙象徵性地屁股打一兩下，我就會難過得躲進房間。總覺得就這麼一雙兒女，而我也還過得去，所以對待他們通常都是有求必應。

兒子青春期的離經、叛道，也曾讓我們夫妻倆疲於奔命。記得有一次，兒子的同學間有誤解，兒子向友人提及，知道嗎？友人竟吆喝了一干人……，雙方人馬加起來應該有五十人吧，準備打群架。還好，遇到警察巡邏適時制止，避免了一場流血紛爭。足見人緣好、朋友多，所帶來的困擾也多。

有一次，他看不慣學校教官的屌樣，就把小番茄塞到教官機車的排氣管……，替同學們出了一口氣。反正我們夫妻倆常跑到學校處理兒子惹出來的麻煩，也三不五時地向老師道歉。終於，高中畢業了！也遠離了對他來說並不怎麼適合的環境。

上大學了，他要的東西一定要得到，而且都還是那些比較好、比較貴的東西。他說要換手機，看上的是不含門號要價二萬塊的手機，我還是給了，就當做是送給他考上大學的禮物。大二暑假，他說要打工存錢換野狼機車，我告訴他，如果到開學前還不足額的話，那麼差額就由我這個當爸爸的補足。快開學了，兒子說：「還是緩一緩吧，因爲錢不夠。」但是，因爲事先我已經答應女兒（姊姊），要把弟弟的舊機車讓給她，於是我就跟兒子說：「沒關係！看你喜歡的機車需要多少錢，我匯給你就是了。」

現實生活中，我眞的常常在幫兒子「擦屁股」：舉凡手機費用、與女朋友吵架、惹麻煩……，都是我們在「收拾善後」。有時候，我還會幫他瞞著媽媽，只因爲兒子很在意媽媽的感覺，怕媽媽不高興。

媽媽（即過去世的爸）扮黑臉的時候居多，做事比較一板一眼，她總是盡量扮演好「媽媽」的角色。有一點比較奇特的是，她不會和孩子們童言童語，都把他們當成大人般講話，更不會讓孩子們在她懷裡撒嬌。她就是盡其所能給他們吃好的、用好的。她對我及孩子們的要求，通常都有求必應，順從的機率比較高，所以媽媽絕對是幫兇。家中的兩個孩子，其實比較怕媽媽，有些事情父子倆會選擇性的瞞著媽媽，因爲她會罵人，等到知道時都已成事實了。既然如此，發脾氣又能如何？改變不了事實嘛！當然免不了就會生悶氣……。

總歸一句話，我就是疼小孩嘛！唉！都大三了，我要幫他擦屁股擦到幾歲呀！現在，書還是念得「二二六六」。說一句老實話，這小子除了不愛讀書、愛玩、兒女情長之外，倒還挺陽光的，他很熱心助人，也會去捐血。總歸就是管不好自己，管起別人的事卻很有一套。唉！不知說什麼好，還好，平時有事他也願意跟我們聊聊。

接觸因果觀後，我們會改進，也會建議兒子是否先去當兵，只要想念書，任何時候都不嫌晚。但願我可以很快走出「婦人之仁」。

＊Linda

過去世的先生發現兒子闖禍時，除了自責出遠門在外，很可能還會責怪太太沒有教好兒子。而太太呢？可能也很不服氣，認爲先生只會嘴巴說說，又怎知道教育孩子有多困難啊！

兒女的教養是夫妻共同的責任與義務，雖然過去世的太太過度寵溺兒子，但是先生多少也有過錯。老天爺在這一世讓夫妻的性別角色互換，爲的就是讓先生去體會、去做做看，看看教養小孩是不是用嘴巴說說就可以了。同樣的，老天爺也讓過去世的媽媽體會一下當爸爸的對兒子的期許又是如何。將心比心，彼此站在對方的立場看待同樣的問題，爲的就是希望共同的兒子能夠學好、能夠自立。

在因果故事中，大便是「排泄物」，可以想成「不好的事、爛攤子」，所以小孩惹禍由大人來收拾爛攤子。父母轉世來學習，兒女更需要學習。所以父母必須竭盡全力的教育孩子：「每個人都必須要爲自己的所作所爲負責。」在做任何事之前，應該先三思後果會如何？是否合法？是否自己有能力承擔後果……。

事業的因果

高官來轉世

二姐代筆

問事業

「我看到兩個畫面，第一個畫面是『一個人捧著一個大盤子，裡面裝滿了錢』，第二個畫面是『一個人捧著一個空盤子，盤子裡的錢升天了』，這當中相隔了兩、三年。這是家人給的錢，所以自己創業不會成功。」老師說。

「他前世是當官的，後來遇到挫折上吊自殺死了。」老師又接到新的訊息。

「你今年幾歲？」老師問。

「二十九歲。」他答。

「我收到一個『三十九』的畫面。」老師說（暗示他的壽命是三十九歲）。「他這一世當然不會想要上班啊！因爲他是高官來轉世，叫他乖乖的天天上班看別人的臉色，他怎麼可能受得了呢？雖然高官來轉世的人，通常比較聰明也比較會念書，但是在過去世裡，他是上吊自殺死亡的，所以這一世要特別注意他的腦部可能會有問題。」老師對家人解釋著。

＊印證與迴響

他是哥哥的兒子，從小就很聰明，是名副其實屢次跳級的資優生。剛出社會時就說要結婚，婚後租房子，夫妻兩人和岳父母、小姨子住在一起，可是全家的生活費都靠他一個人負擔。後來他開了一家公司接電腦程式設計的案子，員工有十二位，但其實能做事的只有他一人。程式設計是絞盡腦汁的工作，有時連續工作好幾天，有時又連續睡好幾天。當兵體檢時，因爲他有「重度憂鬱症」而被判定不及格，不用當兵。他岳父母知道後，嚇得叫小倆口離婚。想不到離婚後，因爲岳父家的人都刷他的信用卡，他欠了一大筆債。卡債及預借現金林林總總加起來，大約有七、八百萬之多，後來都是靠自己這邊的家人陸續付清的。

離婚後，他的病時好時壞，設計的案子也不敢多接。家人叫他找個公司上班，先安定下來，結果他卻這麼說：「叫我上班不如叫我死！」然後他還是照常接設計的案子，而且又再成立一個新公司。

他曾自殺好多次，都是有驚無險。現在他還是在設計程式，我擔心這麼下來，三十九歲這一關很危險。最近他又要訂婚了，老師認爲這不是好現象，但雙方家長都談妥一切了，包括日期、喜餅與宴席等等，所以事情很難喊停。

老師說這麼做會害了女方。可是，女方大他兩歲，也很愛他。我只能引述老師的一段話告訴她及我哥哥，更要說服我自己，我對他們說：「我寧可你們不要相信祂們（老天爺）所安排的，因爲只有這樣，當你們越不相信越是不照祂們的安排去做，那麼就越能夠證明祂們的預測是對的，證明祂們眞的存在。」

＊伶姬

我常說，只要我看到高官來轉世，那麼這些人在這一世裡，也許「天生」就很會念書。如果念不好，往往是他們很不用功。爲什麼呢？因爲過去世的「官」，基本上都是經由「科舉」產生，所以他們「背書」的記憶能力很強。

座談會的時候，我常對來參加的朋友們說：「還好，這一世我們都不是高官，因爲到了下一世，即使命運再壞，大概也一樣是平民老百姓，要壞也比較有限了。然而當個平民老百姓，我們早就很習慣了。如果這一世我們是有錢人家或者高官，平日花錢闊氣慣了，使喚別人慣了，凡事都有別人代勞……，萬一到了下一世我們沒有這個福分，只能轉世當個小平民。那日子鐵定很難過。」

偷官印的師爺

小莉

問父子因果

在過去世裡，小光是一個職位不高的小官，大林是他的師爺，兩人同住在官府中。小光雖然官位不高，但是他利用職權爲非作歹，欺壓百姓。師爺大林看不慣小光的所作所爲，想盡辦法制止小光作惡。有一天，師爺大林偷了小光的官印，然後潛逃出官府。由於小光不明原因的遺失官印，因而丟官。大林潛逃出府成功，開始了他一生逃亡的日子。

＊印證與迴響

伶姬：「那麼現在，你們父子之間的互動如何呢？我要問的還是『你有沒有給他錢？』」

大林：「有！但是我都是主動的資助他，他並沒有開口要求。」

在這一世中，大林有三個小孩。小光是老大，他有一個生病需要旁人照顧的弟弟，與一個已出嫁的妹妹。小光的學業成績與能力都非常好，大學畢業後出國留學，甚至娶妻生子都是大林資助他。雖然小光長期定居美國，但是大林不時還是會自動的資助他一大筆錢，也期盼小光可以照顧父母的晚年。

小光與幾位朋友合夥在美國做生意，幾年來公司經營非常順利，事業擴展到全美各地，甚至大陸。但是好景不長，近幾年，小光工作開始不順。不僅原來公司破產倒閉，連再度合夥的新公司，也是經營不順。雖然小光很努力工作，但是合夥人之間的歧見，造成他很大的挫折。

在一個機緣下，他決定辭職回台灣，與朋友合夥投資另一家新科技公司，並擔任公司的管理者。這是一家政府投資獎勵的科技公司，在投資前，小光曾做過相當謹慎的評估，結果顯示前景良好。

小光回台灣後，與大林夫妻同住。對於小光忽然決定回台工作，大林夫妻倆非常高興。大林夫妻已經年近八十，他們心中非常期盼小光能照顧他們的晚年。雖然大林拿很多錢贊助小光的事業，可是小光卻從未表明要照顧兩老。小光總是說，他預估大約五年的時間，公司的股票就可以輔導上市上櫃。他打算到時候出脫持股，賺的錢就可以回美國養老。

大林夫妻聽了小光這麼說之後，發現自己長年以來的默默期盼就這麼落空了，兩人很傷心失望。不過，他們還是繼續資助大兒子事業上的投資。本來小光是要以自己的積蓄來投資這家新公司，但是在一連串的事件後，竟變成大林先代墊這筆投資的費用，而小光也表示日後會歸還此筆費用。

迄今一年，公司生產狀況良好，而且公司業務也如小光預期的順利。但是公司制度不很健全，公司的合夥人常干涉小光的經營投資策略。漸漸地，小光覺得工作很不順心，對於未來也開始有了疑慮。因此，大林建議小光不如把股票賣出，把投資的錢收回來，然後回美國去。不過小光認爲公司前景不錯，應該等一些時候再處理會更好。

伶姬對大林說：「你不要再拿錢給兒子去投資事業了。在因果輪迴的法則裡，一切還是需要依照『法理情』去處理。小光過去世爲官不仁，在職業上作惡，所以這一世他的工作會不順。在過去世的因果中，大林你是他的師爺，偸小光的官印而害他丟官，這影響到他的前途，所以你對小光是欠情與欠錢。在這一世，雖然是父子關係，但是由於你對小光是欠情，所以小光不會照顧你的生活起居。而且你對小光還有欠錢的因果，所以你要資助小光給他錢。」伶姬說。

大林問：「那我該如何做呢？」

伶姬：「小光在事業上會不順，同時，等你年老時，他也不會照顧你。你不應該繼續資助小光的『事業』，因爲都會不順而失敗。你不如把這些錢留下來當自己的養老金，等他生活眞正有問題再資助他。」

大林：「我要小光乾脆賣出股票，收回投資的錢，回美國去。」

伶姬：「他不會聽你的，他是官，你是師爺啊！」

大林：「那麼我投資的錢收得回來嗎？」

伶姬：「收不回來！尤其是公家獎勵投資的項目，更是收不回來。因爲他當初就是爲官作惡，做公家的事業，所以對於公家獎勵的部分更是無法獲利。」

在大林與伶姬面談後幾天，小光突然宣布辭職並且打算回美國。雖然小光辭職，但是投資的錢並未拿回來……。

＊Linda

雖然過去世小光的所作所爲「不當」，但是大林應該要尋求「公法」解決，而不是「私下」用偷官印的方式來處理。雖然大林是爲了大我而不是私利，但是大林的方法錯誤，所以還是有錯。

身體的因果

管教不當的因果

小莉

問父子因果

在過去世，一對祖孫相依爲命。祖父是大林，唯一的孫子則是小明。大林是很有錢的員外，只有一個獨生子，而這獨生子在外面跟一名酒家女生下了小明。只可惜大林並不中意這名酒家女當他的媳婦，於是把她趕出了門。雖然媳婦已經被自己趕走了，大林依舊恨鐵不成鋼，整天對他的獨生子嘮嘮叨叨。終於獨生子也氣得離家出走了，只留下小明與大林相依為命。

由於大林是有錢人，所以有許多僕人與管家都可以幫忙照顧小明長大成人。雖然大林對小明的期望很高，但是漸漸長大的小明並沒有學好，他不僅偷家裡的錢，甚至跑到外面去偷別人的錢。大林知道後非常生氣，常把小明的不當行為怪罪到當酒家女的媳婦頭上，同時為了要管教好小明，大林也常氣得拿棍棒打小明的頭。大林後來受不了小明不斷偷錢，於是下令限制小明的行動，甚至要管家把小明關起來，以防止他又跑到外面去偷錢。小明受不了自己如囚犯一般被關起來，最後選擇了喝農藥自殺身亡。

＊印證與迴響

伶姬說：「從因果來看，由於喝農藥會傷到神經，而且，常打頭部也會影響腦部，所以小明的身體應該會有抽搐的現象，而腦部也會出問題。」

現今生活中，小明是一個精神分裂症患者，大林則是小明的爸爸。小明約在高中時開始發病，至今已二十年了。雖然他是精神分裂症患者，所幸狀況比較輕微。目前小明將近五十歲了，未婚，也無法如常人般正常上班工作，但是，他有能力自理生活起居。

小明只要服用少許的藥物就可以控制病情，雖然他的雙腳會有些不自主的抖動，但是外表看起來就像是一位靦覥、溫和、有禮貌的紳士。二十年來，他還是無法接受自己有病，常不願意規律服藥，因此多次發病而住院治療。每當發病時，他就會產生幻聽、幻覺的症狀。他會覺得有人在監視他、要害他，而且非常害怕。但是當他被送至醫院治療後，通常一到二週後，情況就會改善。最多一個月，小明就會被要求出院，繼續門診追蹤治療。

雖然小明是精神病患，但是當大林身體不適時，小明會幫大林按摩。而當大林責罵小明時，小明卻會向大林道歉，並承認自己的不對。對於小明，大林雖然不捨，卻又常常覺得他不長進、不成材。

有一年過年前，小明又因不服藥而發病住院。這次，大林終於受不了，他不願意接小明回家過年。雖然小明住院治療後，病況已經改善很多，但是大林堅持小明一定要轉送到長期安置機構徹底治療。不僅如此，大林還激動地表示，如果小明回家，大林就要自殺。（Linda：許多精神病患者被家屬放棄時，常被送到長期精神安置機構安置。這時除非家屬接他回家，不然他們就好像是被宣判無期徒刑的犯人，將被永遠留在監獄中，不得自由。）

在大林強烈要求下，小明被轉送到長期精神安置機構繼續治療。大林並未因此而開心，反而心如刀割。因爲他知道小明其實已經改善很多，依他的精神狀況，是可以出院了。讓小明留在那裡與其他嚴重無法改善的精神病患關在一起，其實有些不人道。可是大林也不知該如何處置比較妥當？他擔心有一天，當他老了或死了沒有人會來照顧小明。與其這樣，不如讓小明留在長期精神安置機構，繼續接受治療吧。

大林因管教不當，造成小明自殺死亡，所以債務人大林對小明是欠命、欠錢，又欠情。而債權人小明不願意原諒大林，所以他們兩人一起來轉世。由於是死亡，所以欠命會是欠一輩子，大林將要親自照顧小明一輩子，因此小明此世並不會結婚。除非這個因果故事裡，有其他共犯牽扯在其中，否則不會有太太，或是其他人來照顧小明。

（Linda：以上是指「一因對一果」，欠債的共犯需共同面對共業，不過不包括來考試或是服務的人會照顧小明。）

在過去世大林做錯了，但是他並不是「惡意」要置小明於死地。大林是因爲「不會管教」，期望太高，造成小明選擇自殺身亡，所以小明的病況應該不會太糟。

（Linda：根據伶姬的經驗所述，這一類患者常會被療養院等長期安置機構拒收，因爲他們到醫療單位經過短期治療後，情況就會很好，而被要求出院回家，再繼續接受門診追蹤治療。）

每個人在過去世的習性，是會隨著轉世而帶到這一世裡來。在潛意識中，因果關係的兩個人都會看到過去世的影子。在這一世裡，大林看到小明，就彷彿看到前世那位不長進、不成材的孫子，再加上小明是一名低成就的精神分裂患者，造成大林雙重的失望。在這種情況下，大林雖然不捨，但心裡卻無法平衡。就如同過去世裡，他不知該如何對待小明，因此身心受到嚴重影響，甚至想要尋短。當小明看到大林時，也彷彿看到不滿意自己的那位祖父，雖然心中不滿，卻仍想要得到祖父的歡心。

在與伶姬面談後，大林決定改變對小明的態度。他把小明接回家了。大林試圖彌補對小明的虧欠，從此，他對小明關心呵護、溫和理性，期待對小明有所幫助。大林這般的努力會如何扭轉未來呢？且讓我們拭目以待吧！

＊後記

小莉是小明已出嫁的妹妹。小明雖然從高中時開始發病，但那時他的情況並不嚴重，所以仍然大學畢業，而且順利當完兵退伍。他眞正嚴重到需要住院治療，是在小莉大學畢業後，開始就業之時。至今將近二十年了，在醫療上，包含門診與住院等等相關事宜，幾乎都是小莉一手包辦。這段期間，小明所經歷的一切，除了小莉並未與他同住外，幾乎小莉都參與其中，而且她一直都是主要問題解決者。

在問父親（大林）與哥哥（小明）因果的同時，小莉也問她與哥哥（小明）的因果關係。

伶姬：在過去世，小莉與哥哥小明並沒有因果的欠債或是報恩的關係。小莉是上面下凡來考試的人，哥哥小明對她而言是一種考題。所謂考試，就是把一個與你沒有任何關係的人放在你身旁，看你如何應對與付出。

小莉說：如果小明是我的「考題」，那麼應該並不只是要我「無怨無悔」地去照顧他。我覺得「考題」最重要的是要考我「如何放下面子」，而不以他爲「恥」，進而以自身的體驗去幫助其他有相同遭遇的人。

不管是哪一種「因果」，日子還是要過，路還是要走，只是我們用何種「心情」來面對？在知道因果故事前，我已經整整照顧小明近二十年了，目前仍在繼續中。我從沒有因爲他是精神病患而放棄他，但是身爲精神病患的家屬，長期照顧生病的他，其中的心酸與折磨眞的是旁人無法體會的。

現代社會對於精神病患與家屬的歧視與恐懼非常普遍且嚴重，所以我決定把這個因果故事寫出來。我希望藉由這樣的親身經歷和因果故事，能讓更多人對「因果」多一些了解，對「精神病患者與家屬」多一些體諒。

＊Linda

在伶姬的書上也曾提到：「如果不知『因果』如何?不如自己編一個可以讓自己走下去的『故事』。」小莉的因果故事是一個很好的例證，當我們面臨人生困境時，不要只是悲觀的認爲自己是「欠債」或是「報恩」，有可能眞的只是如小莉一樣是來「考試」的。

在因果輪迴法則中，小明會成爲「精神病患者」，只是過去世「管教不當」的結果。在現在精神醫學的研究中，許多報告顯示精神病患者的腦部「神經傳導物質」失調，因而造成他們「行爲的失調」。「精神病患者」並不是「瘋子」，而是「病人」，他們需要醫療照護。就如同「糖尿病患者」，他們是由於「胰島素」失調，致使「糖分代謝障礙」一般，都是需要治療。

「人生不如意事，十有八九」，有人說要「常想一二」。我們常常不能改變外在的許多環境與人事物，但是我們可以爲自己畫個太陽，給自己一顆喜悅的心，也給予別人一顆體諒的心。如果大家都能帶著快樂的心去過每一天，去幫助別人，相信即使是「欠債」或是「報恩」，也比較容易走下去。

＊網友天相回應

看了小莉敘述的因果故事，心有戚戚焉。精神病院對病患的每次療程，大都介於三十到四十五天。精神病患者急性發病而入院治療，經過休息與吃藥，大多幾天後病情就會改善大半。這時抗壓性弱的精神病患就會開始吵著要出院，因爲住院是一種封閉式的生活環境。在精神病院中，雖然有定時的大院區活動，但是對於不能忍受監禁者，卻是另一種苦刑。每逢家屬探視時間，他們就會幾近哭鬧的要求出院。周而復始，眞使人受不了…

＊網友Melissa回應

「恥」是我小時候最自卑的心結，因爲我媽媽是一位「精神病患」。我今年三十七歲，當我五歲時，媽媽因婚姻問題而罹患了精神分裂症，其後陸續又生了四個弟妹。當她精神狀況不好時，她會動手打人。小時候，她曾因爲要打我們，而追著我們滿街跑。她也常會對鄰居施暴，以至於我們被迫搬家及轉學。每當媽媽打別人時，爸爸總會以暴制暴地打媽媽，而雙雙被帶進警局處理。以往種種的不堪，令我不敢帶同學回家。

當我結婚有了孩子以後，慢慢地我能了解媽媽的苦，但爲時已晚。媽媽由於長時間的疏於照顧，身染嚴重肺結核病，於四十四歲就往生了。以前沒錢又沒資訊，眞的不知從哪裡下手去治療媽媽的病，爸爸只好一天拖一天。

看到大家對於精神病的討論，讓我想到精神病患者的痛苦，以及其家人除了痛苦之外，還有更多心結的考驗。如何從「接受」到「幫助」患者，再到「遙遙無期的治療挫折」的種種心路歷程，已經不是只用「恥」就能形容這一切了。在有精神病患的家庭裡，「孩子」常受到大人的疏忽。疲於奔命的大人，他們難有心力去照顧到家中的孩子。這些未經人世的孩子該如何能調適自如呢？

＊網友 Mute回應

在各個學校裡，有輔導室的機制，請鼓勵所有家長或小朋友多多利用。小時候，我覺得進輔導室會被另眼看待，但長大後，我才知道輔導機制的重要性。

大林的兩種因果病

小莉

問身體因果

大林問了與兩個兒子（管教不當的因果，與偷官印的師爺）的因果故事後，再問自己身體的因果。在與大兒子（小光）的過去世中，大林是一位師爺，因爲看不慣官吏爲非作歹，於是偷了官吏（小光）的官印而潛逃。雖然他並沒有被捉拿到案，但是卻從此過著晝伏夜出的逃亡日子，因此他的筋骨會因爲長期受風寒而有所影響。另外，在與小兒子（小明）的過去世中，大林是小明的祖父，眼看著孫子不學好、不長進，常常爲此而生氣，所以會影響到血壓與心臟方面的問題。

＊印證與迴響

問：「醫生怎麼說呢？」

答：「他是類風濕性關節炎的病人，手腳關節腫痛變形已經三十多年了，現在又有高血壓與心臟病，但是不嚴重。可是當他情緒不好，很生氣的時候，心臟就會心律不整而亂跳，造成血壓下降，容易發生頭暈甚至於覺得要暈倒的現象。」大林的女兒小莉在一旁代父親回答。

＊伶姬

當大兒子（小光）開始進入社會時，大概就是大林發病的開始，因爲他面對的是過去世「上司的事業與前途」，所以潛意識裡就會把過去世逃亡日子的記憶帶到了這一世。如此的心結，再加上過去世傷害自己身體的後遺症，於是當他放不下兒子的事業時，關節的疼痛只會越來越嚴重。但有一個重點，過去世並沒有任何人傷害到大林，因此就算關節再痛，也一定是痛到大林自己可以承受的地步，並不會痛到需要他人特別來照顧他。

所以，奉勸違法者，被通緝者……，如果明知自己有錯，該接受處罰就盡早接受吧！「逃得了一時，逃不了一世；逃得了這一世，逃不了未來世。」

委屈憂鬱的媳婦

欣瑩

問母親的健康

話說媽媽前世家境不好，爲人媳婦，孩子大了離開（不用照顧，但也沒拿錢回家），公婆年紀大需要照顧，但日子撐不下去，逼得媳婦（媽媽）要自殺。就在媳婦想將吊繩往脖子套時，想起了家中的公婆，因此打消自殺念頭。但是日子還是要過，老師看到畫面就是後來媽媽（前世媳婦）幫人家煮大鍋菜（類似在軍中煮大量的伙食），邊煮邊哭的情形。老師說，媽媽今世筋骨、手腳容易出問題、肝也不好，尤其是精神方面更要小心，因此希望媽媽能多走出去，做志工，不要待在家裡胡思亂想。

＊印證與迴響

從我懂事以來，媽媽一直是我最心疼的人。媽媽年輕時，因為爸爸事業不順，舉家由新竹一直往北遷。在這過程中，媽媽需要一直不斷換工作來養家，尤其是爸爸不在家的那一段日子，媽媽更是去幫別人洗車、做手工辛苦賺錢，才有辦法照顧三個小孩。好不容易孩子大了，分別結婚有了家庭，但是，媽媽也老了。

媽媽常會覺得，好不容易將孩子拉拔大了，但是大家平日各忙各的，鮮少回家或是打電話給她，於是，只要一人在家時，就會開始有「我是孤獨老人」念頭產生。

其實媽媽已做志工多年，但有時候還是會有不好的念頭產生，剛好趁此機會再次勸勸媽媽，凡事不要想太多，看看老師的書，想想老師的話，讓自己活得更好更健康，我也會多陪伴媽媽的。

＊伶姬

日子難過還是過！笑，過一天；哭，也是過一天。山不轉，路轉；路不轉，人轉；可是啊！人已經轉不過來了，怎麼辦呢？「心轉」吧！想想！多棒的自己啊！起碼還可以做一個「還有剩餘價值可以被利用」的義工。

＊Linda

過去世的習性會隨著轉世而帶來這一世，在過去世的媳婦是一位委屈求全、任勞任怨的好女人，在這一世也是如此。但同樣的，她對於這一世仍然「心有所不滿」，而且還帶著過去世消極、不快樂的心結，因此碰到不如意，還是會有想要逃避、自殺的念頭。

過去世與這一世都是過度勞動，因而造成全身筋骨容易有不適的狀況。雖然是不得已，但是就因果輪迴的法則，她自己的身體是自己的債權人與債務人，所以需要自己承受這一切病痛。唯有愛惜自己的身體，樂觀正面的思考才能有健康的身心，才不至於下輩子再來重考一次。

保母

梵亞鈴

問母子關係（媽媽和哥哥的因果）

在過去世，媽媽是照顧哥哥的「保母」，但是為了方便照顧，她餵食當時受託的小孩（哥哥）喝酒。那時候小朋友才兩歲，回到自己的家後因酒醉而走路不穩，就此跌倒而離開人世了。伶姬老師說：「這世哥哥是來討債的，雖然小朋友是在自己家裡跌倒，但是前提是保母先讓他喝酒。這個因果是屬於很嚴重的『欠命』，因為保母的行為不但不對，而且還是『惡意』的，所以，哥哥應該是不會結婚而讓媽媽照顧、讓媽媽養，就好比媽媽是他的保母一樣。再者，跌倒是傷到腦部，而喝酒容易引起酒精中毒，所以他的腦部和神經系統容易出問題。」

*印證與迴響

哥哥有精神方面的疾病，大約在三年前，是媽媽退休後才發生的。哥哥說，他也只是說一些玩笑話，工廠同事就聯合起來作弄他，於是他辭職不幹。自此，他工作不做了，人也開始「變」了，生活上還能夠自理，只是有時候會說他要去見祖先。平日他也不出門，成天將自己關在房間裡，就連白天也把窗帘拉起來，整個家都暗暗的。到了傍晚，天未黑，他就把樓下的鐵捲門也拉下來。

哥哥在工作方面，以前的狀況是還好，不常換。雖然後來他做過很多種工作，但都跟他念的科系不相關，因爲做得不是很好，所以更換的次數就愈來愈頻繁。現在是去上一天班，隔天就不想去了，回來會說工作負擔太重了，而這個「重」在別人看來，也許很輕鬆。他已經三十八歲了，沒有結婚，雖然找工作還滿快就找到了，但就是做不久。以前我媽會把這種情況跟親戚抱怨，所以哥哥不喜歡與親戚見面，除非是婚喪喜慶等必要場合，但他也是能閃就閃得遠遠的。

哥哥對媽媽的態度也是時好時壞。幾個月前，無意中發現，當我們回娘家時，他有時候就會坐在角落一旁聽我們說話。身爲舅舅的他，對弟妹的小孩都很疼愛。說他有些孤僻？又覺得他內心似乎想跟我們說什麼，想融入我們。或許，他在釋放出訊息，而我們這些呆頭鵝都沒有發現，沒有邀請他來參與。

自願頂罪

有興趣的小朋友

問健康

老師說她看到的是一個很瘦的男子，背景像是監獄之類，因爲發生了一個大案子卻一直找不到犯人，國王很生氣，所以我自願去頂罪。後來國王不知何故，下令要將犯人處以極刑。每次獄卒送飯菜來的時候都發現我吃得很少，問我爲什麼？我說，因爲吃得少，變瘦一點才會死得比較快。伶姬老師說，我應該會有腸胃方面的問題，消化也較不好，脖子、腦部應該也會有點影響（因爲最後我是被吊死的）。後來老師看著我對我說，麻煩妳吃多一點好不好，要先從妳的腸胃去改善，其他的應該就比較不會有問題。

＊印證與迴響

這世的我眞的很瘦，看到什麼都不想吃，也不愛吃什麼。我常常覺得胃不舒服，又容易拉肚子，有時會變成有點便秘的情形。除了胃腸吸收不好，吃不胖之外，現在最困擾我的，還有惱人的頭痛。我幾乎每天都頭痛，有時劇烈頭痛到吐個不停，甚至胃酸都吐出來還不停。

＊Linda

在過去世，由於妳希望變瘦一點才會死得比較快，所以吃得很少。當妳知道自己將被處以極刑到被吊死亡這一段期間內，妳的「刻意減肥」就已經造成那一世腸胃的眞正傷害。雖然妳在過去世是自願頂罪而死，但是妳虐待自己的身體，所以這一世妳的身體是妳的債權人，因此，妳絕對需要承受身體腸胃的不適。妳被吊死，應該是屬於「缺氧」而死，就像上吊自殺一樣，本來就比較容易造成腦部不適。針對這一點，建議妳常到空氣新鮮的地方做深呼吸運動。

過去世的妳一定是個大好人，才會想要自願頂罪減少國王的氣憤。雖然妳自願頂罪，卻沒料到會因此命喪黃泉，所以事後妳一定很後悔、恐懼、懊惱。這段面臨死亡、等待行刑的日子，應該很不好受。到了這一世，當社會不安、政局動盪或領導人「朝令夕改」的時候，過去世那種無奈、無力、無助的陰影就會隨著轉世而帶來這一世。因此當妳面對食物時，就會吃不下東西，緊張的情緒也會湧上來，所以妳會頭痛不已，這是一種心理壓力造成的頭痛。

妳一定要放下怨恨與恐懼的心緒，現代的社會是民主、自由，講究證據的時代，就算要將眞正的犯人處以極刑，也一定要有充分的罪狀才行。不妨試著讓自己放輕鬆，不要理會媒體那些打打、鬧鬧、殺殺的政治或社會新聞，相信對妳的健康會有很大幫助。

虐雞的惡果

寶爸

問健康

某一世我是殺雞的，而且殺雞的方法很奇怪。可能是不忍心看雞慢慢流血致死，又不願意看牠那臨死的眼神，於是那世的我先用鐵絲穿過雞的眼睛（這個行爲應該會傷及雞的腦部），再直接用刀把牠的頭剁下來。

＊印證與迴響

從小到大，我總是忘不了小時候曾經做過的一件事，尤其是在我身體很痛的時候。想起這件事，總讓我充滿了悔意和罪惡感，甚至無法接受自己。那時候，我大約是小學二年級吧！有一天下午和好朋友甲君到他的朋友乙君家玩，乙君家養了好多雞，我忘了當初到底是誰提議的，只記得下手的人當中也有我（以下兒童不宜，害怕看驚悚片的人須有人陪同）。我們抓了一隻雞到頂樓，拿了一把生鏽的菜刀，剁下了雞的小腳趾。可憐的雞被我們三個「變態」的小男孩折磨了一陣子，失去了牠的小腳趾。乙君還把那隻雞從樓頂丟下去，只爲了要試驗看看牠會不會飛。早就已經失去飛翔本能的雞，雖然還是本能地用力鼓動雙翅，但我想牠應該摔得不輕吧！接下來的情形，我就沒有印象了。

我身體的病痛，是從升國一的那一個暑假開始的。其實我小學時不太愛運動，所以第一次腳痛時覺得很奇怪，我到底是怎麼受傷的呢？國一一整年都還算正常，升國二之後就越來越嚴重了，甚至會痛到無法行走。直到有一天晚上，實在是痛到受不了了，爸爸不知打哪來的消息，帶我去給一個蒙古大夫看。那個人說我的髖關節脫臼，必須要推回去（當時這個決定眞的錯得離譜，其實只是發炎而已）。於是，我的腳被慘無人道的推拿。後來，連我爸爸都很後悔帶我去看那家密醫。

輾轉經由別人建議到屏東一家有名的骨科醫院看診，結果醫師說是青春期發育的生長痛。（我很懷疑眞的有這種痛嗎？上網查了一下還眞的有，可是卻不是主要原因。）

到了高二，又經由別人推薦去看長庚骨科的某位名醫。他眞厲害，一驗血就說我是「僵直性脊椎炎」；他也很殘忍，我爸問他這病能否治好，他只是語帶冷靜地回了一句：「這個病治不好。」當時我可以感覺到爸爸的心在流淚。最後我決定去高醫做追蹤治療，但是能做的也只是控制病情而已，偶爾一、兩天忘了吃藥，就會覺得痛到不成人形。

＊後記

很高興自己有幸接觸到老師，更高興自己有幸參加這一次網聚，最高興的是老師提供了這個機會，讓我了解關於自己健康的因果。

老師調完資料後，提醒我要注意腦部、眼睛，還有脖子的問題。我聽完故事簡直不敢相信，有一世的我居然是這樣的人，而我腦中霎時浮現了小時候的「變態虐雞檔案」。

老師說那一世的雞已經原諒我了，所以我的狀況是屬於「天譴」。我想牠們應該是覺得我實在太愚蠢了，才不和我計較的吧？（我猜牠們可能想：你！你！你！怎麼想得出這種蠢方法啊？用正常的方法不就得了？唉！算了！算了！）

只是，現在的我卻很在意自己小時候爲什麼「又」會幹出那種蠢事？是前世性格的「殘餘」在作祟？還是老天爺在「暗示」我不可重蹈覆轍？這就不得而知了！我知道過去發生的事已經無法改變，一直懊悔也沒有用，應該利用現在和未來努力服務與行善。只是想起這一段小故事，心中不免有些感觸。

我唯一能做的事便是「行善」，而老師也建議我朝「保護動物」的方向去做，只是好像沒有專門針對「雞」的保護工作，而且，爲了自己而專門針對雞行善似乎也太自私了。如今，我和我家的狗兒一起去接受台灣狗醫生的服從訓練課程，如果將來能夠通過狗醫生的認證，便可以帶著牠一起到合作的醫院或療養機構服務病患、老人或小孩。至於訓練課程所教導的觀念，也可以在流浪動物協會的領養會場派上用場。我希望，發自內心並盡己所能學習無私地去做服務眾生的事，而幫助流浪動物似乎就是最適合我的工作了！

＊Linda

關於僵直性脊椎炎：僵直性脊椎炎（Ankylosing spondylitis，簡稱AS），是一種自體免疫疾病（因免疫功能異常引起的疾病），好發於二十至四十歲之成年人，主要是兩側薦骨腸骨關節發炎，嚴重時會由腰椎往上蔓延到胸椎，甚至頸椎。初期病人會覺得早晨下背疼痛蔓延至臀部，而且脊椎關節僵硬會造成彎腰困難。當胸椎跟著發炎時，會伴隨著呼吸疼痛以及胸部擴張困難；到了頸椎出問題時，頭頸的活動會變得疼痛而僵硬。脊椎僵硬及運動範圍受限於休息時更明顯，尤以晨間時最不舒服，嚴重時病人在半夜會因爲痠痛及僵硬感而甦醒。運動過後則症狀減輕。部分病人同時有周邊關節炎——以侵犯髖關節（大腿與骨盆交接處）最多，有將近四分之一的僵直性脊椎炎病人的髖關節會發炎甚至破壞，造成鼠蹊部的疼痛，無法蹲下或長短腳。

「幼年型僵直性脊椎炎」是指十六歲以前發病的病人，相對於一般二十歲左右發病的病人來說，幼年型的病人不容易診斷，因爲發病初期他們通常並沒有下背痛，反而較常發生下肢的大關節發炎疼痛，如髖關節、膝關節等，慢慢的這些病人也會有下背痛與其他脊椎關節僵硬疼痛的狀況發生。

僵直性脊椎炎的發病狀況，每一個病人之間有相當大的差別，有些人五年不到就整個脊柱僵硬，不能彎腰轉身；有些人卻在二十年後依然身手矯健。這當然牽涉到病人是否有定期接受治療，或是否有規則的在運動，病人合作程度越高者其反應越好。通常幼年型僵直性脊椎炎的病人病況會比成年型的病人嚴重，需要積極的治療。

百分之二十到四十的僵直性脊椎炎病人會合併有葡萄膜炎（uveitis）與虹膜炎（iritis），虹膜炎多侵犯單眼，發病時會有眼睛紅、怕光流眼淚等症狀。由於虹膜炎與一般結膜炎症狀類似，很容易誤診。虹膜炎若未妥善的治療會影響視力，或是引發青光眼。

Linda問：依照你的敘述，你國中階段就發病，最後醫師診斷為「僵直性脊椎炎」，依照年齡來區分，你應該是屬於「幼年型僵直性脊椎炎」。不知當時發病有哪些關節發炎疼痛？是否除了髖關節外，還有骨盤兩側疼痛或是膝關節，或是腳跟疼痛？以你的因果故事來說，你罹患「僵直性脊椎炎」主要症狀應該是脖子痛（頸椎發炎），眼睛痛（有虹膜炎），伴隨有其他的關節疼痛（或許你的腳跟也會痛），是如此嗎？

寶爸答：我在國中階段主要是髖關節疼痛，高中以後則是晨間背痛最明顯，肩頸痠痛則是近幾年的明顯症狀，至於眼睛只有近視而已。疼痛的部位應該和生活習慣比較相關，國中升學壓力比較大，常熬夜和早起念書，就比較不容易察覺晨間背痛的症狀。大學時，生活比較輕鬆，睡得比較久，就容易感到晨間背痛。最近兩年，則因騎機車通勤，肩頸痠痛的症狀就比較明顯。至於虹膜炎，醫師說那是比較嚴重時的症狀，而且不會突然發生。

如果說有些和因果相關的症狀沒出現，我想可能是有做些小善事吧！而且醫學上的症狀只是一般性的總述，不一定每個人都會有相同的症狀，還是會因個人的體質和生活習慣而有所差異吧！我希望有相同或類似症狀的人與家屬，能避免誤診並及早獲得正確的治療。

Linda：本篇作者虐雞行為的果報是屬於「天譴、劫數」的還債方式（請參考《如來世3——因果論一》，頁一五二）。雖然債權者——「雞」，原諒了債務人，但是債務人還是要接受自己錯誤行為的果報——親身體驗事發當時債權者的感受。

過去世債務人傷害債權人身體的哪一個部位，未來世債務人自己身體的同一個部位就會覺得不舒服，也許不見得會很嚴重（因為本身就是債務人，所以沒有其他的人必須要來照顧他），但是卻不容易找出病因，因此也就容易「拖病」，不容易治癒。在這個因果故事中，伶姬提醒作者要特別注意腦部、眼睛、還有脖子的問題，目前作者的眼睛與腦部症狀並未出現，或許是因為時間未到，也或許是伶姬調錯資料，不管如何，我們都希望作者注意身體健康，持續積極的接受醫師的追蹤與治療。

減肥藥

羅亦芸

問身體因果

伶姬：「畫面很簡單，我看到妳用手摸著肚子，訊息是因爲妳太胖所以吃了很多的減肥藥。有沒有誰可以幫忙一下呢？我曾經算過有人因爲過去世減肥而轉世，不過他們的減肥方法是用束腰、束腹的方式，那樣的身體因果到了這一世都是腸胃比較差、呼吸也不順暢，有時候還會有頭暈的現象。但是我沒有看過吃減肥藥而轉世的人，所以無法告訴各位吃減肥藥經過轉世之後會有什麼樣的後遺症。在場的朋友，有沒有人知道吃減肥藥會有什麼副作用呢？」

伶姬一副無可奈何的表情，也難怪啦！她只是個通靈人，如果老天爺不告訴她，而她也沒有吃過減肥藥，她怎麼可能曉得會有什麼後遺症呢？

＊印證與迴響

老師調出的資料直指我是因爲過去世減肥藥吃太多，所以才會導致今世的身體出狀況。但當老師說「吃了很多的減肥藥」時，我腦海中卻一直無法回神過來，因爲與之前我所猜測的結果差距實在太大了。回頭靜下心來想一想，再與先生討論過後，我上網搜尋減肥藥吃太多的副作用，這時才猛然發現雖然老師調出來的答案很簡單，但是吃減肥藥的副作用竟然與我這一世身體出的狀況幾乎不謀而合！

我一九九五至一九九七年，曾患甲狀腺機能亢進，雖已服藥痊癒，但我也長年伴隨有胸悶、腸胃消化不良、易腹脹打嗝及精神易興奮的現象。三十三歲時，發現有先天性心房缺損的心臟病，雖然發現時已晚了點，但也完成修補的手術，原本以爲手術後病情會改善，可是所有的症狀卻依然存在。

事實上，這一世我從年輕時代就很注重「養生」。一開始是從飲食入門，不過改善的效果有限。如今我又知道在過去某一世裡，我曾經服用減肥藥過量，因而導致許多後遺症，所以我告訴自己，平日不僅要注意飲食養生及保持運動，每晚並自我暗示，在心念上要特別對身體的細胞致歉並感謝。希望我的健康狀況能不斷進步。

＊網友Vicky回應

以前爲了減肥，吃了不少減肥藥，從某醫師的×尾酒療法到諾×婷，我都吃過。下場是什麼?現在，只要有人感冒，我一定會跟著中獎。就算沒人感冒，只要我兒子感冒，我也不會少。而平均一至二個月我就會感冒一次，抵抗力是公司同仁中最差的。雖然我的外表看起來頗壯，但每次走到捐血車前要捐血，一定會因血紅素不足被拒。所以現在即使我胖了幾公斤，心中實在很想再吃藥減肥，也不敢眞的去吃了。如今再看到您這篇文章，更讓我連想都不敢想了，謝謝分享!

＊Linda

「減肥」始終是社會大眾所關心的議題，有很多人利用各種不同的方法減肥，但其效果大多未經證實，也造成許多副作用。肥胖是指體內的脂肪堆積過多。肥胖者常是「多吃少運動」，所以大家總將肥胖視爲一種生活形態的結果，至於肥胖者之所以會想要減肥的原因，大多是因爲「美觀」而不是爲了「健康」的考量。

造成體內脂肪堆積是由於「能量的攝取」超過「能量的消耗」，這樣的觀念雖然簡單，但由於控制「能量代謝」的系統相當複雜，而且有很多「未明」的地方，因此，目前各種減肥方式的成效其實並不是很好，所以如果期望藉由「藥物」來減肥，仍然不容易成功。想要有效的「減輕體重」，最重要的觀念與作法是「飲食控制、運動與行爲治療」。

早期的減肥藥是屬於「抑制食欲」的藥物，可作用於飽食中樞以抑制食欲，增加飽足感。也有些減肥藥是含有特定成分（如甲狀腺素）會增加新陳代謝率（有心悸、精神緊張的副作用）或血壓增高，也有的是含有利尿劑（造成脫水），或者有些藥物可能會增加心瓣膜缺陷與原發性肺高壓症。還有不當的節食，也會損害腸胃道的消化與吸收功能。

餓肚子的媳婦

小薇

問健康

老師看到的畫面是：「一個受虐待的媳婦，餓著肚子在河邊洗衣服。」聽到這樣的描述，不禁讓我想起那段晦暗的日子，因而悲從中來久久無法平復。老師問大家，這樣因果情形下的身體會有什麼毛病？答案是胃不好，以及筋骨問題。

*印證與迴響

能參加高雄的聚會，真的超幸運，老師給我們很大的驚喜。問事當時老師問我身體怎麼了？由於激動的情緒尚未完全緩和，我只好簡單的說了一項我比較無法承受的病痛——呼吸常常感覺到氧氣不夠（這是什麼病？）。呼吸正常的人可能無法體會這種感受，嚴重的時候，就像快窒息了。我現在把當時沒說出來的其他症狀，在這裡提出讓大家參考驗證。

是的！我的腸胃也不好。每每吃得稍微飽一點點就會出狀況，整個胃會脹滿得很難受，餓了又會隱隱作痛，總之不能吃得過飽就是了。平常也常打嗝、排氣……。至於筋骨問題，就是右手常痠痛，不知道是否因為常常用到右手的關係（炒菜、洗滌、寫字、搬東西、提重物、打電腦等等），造成二次的傷害。睡覺時有時候會痛到要把手垂在床邊才會比較舒服。

老師解釋我的病痛不是因為前世作惡的關係，而是老天爺要再次考我，可是我不懂為什麼受虐的人是我？這一世還要重演一樣的戲碼？還要考我這個做什麼？債務人不是我婆婆嗎？角色不是應該要互換嗎？還是我投胎前就已經原諒她了？她不必來還我債務，可是我卻還要再承受類似的對待？

＊伶姬

注意一下，當事人是問「身體」的問題，而不是問她和誰之間的因果關係。所以，雖然她說這一世婆婆與小姑的種種，但我說的因果故事解析中，並沒有指明那一世的婆婆就是這一世的婆婆。因此，她的病痛是屬於她沒有照顧自己身體的緣故。所以，她的身體是自己的債權人和債務人。又因爲當事人曾經被虐待過，所以在這一世裡看到了婆婆，很容易在潛意識裡起了害怕的心結，結果又變成——「自己先怕著等」。

當然，也許有人會反駁說，說不定是「惡婆婆不讓受虐媳婦吃飽才去洗衣服的，怎麼可以讓轉世後的可憐媳婦又腸胃不舒服、呼吸出問題呢？」如果那一世的媳婦的確是被虐而沒有辦法吃飽的話，那麼老天爺不會那麼狠心，讓歹命的媳婦再來嘗嘗身體不舒服的痛楚，祂們一定會給她一個「很正常」的身體再來轉世的。

只是我們的當事人怎麼會身體不舒服呢？原來是「心結」的關係。想必過去世的她是個很怕婆婆的媳婦，而這一世的她也一定是「逆來順受」所謂的「好媳婦」。這一世當她看到婆婆時，不管婆婆是否就是過去世虐待她的人，但是她的潛意識裡就已經在怕著等了。她在怕什麼呢？怕「婆婆」、怕「被虐待」。在如此害怕的潛意識「心結」之下，於是也很容易就把餓肚子洗衣服的感覺帶到了這一世。

腸胃不適，我們很容易體會，可是爲什麼會覺得「呼吸常常感覺到氧氣不夠呢？」原來，那是彎著腰、餓著肚子洗衣服的感覺。從文章中，我們可以看出來當事人的

「心」已經揪成一團了，如果再加上這一世常常勉強自己做一大堆家務事，又不知讓身體適度休息，那麼後果可想而知。要怪誰呢？如果想要身體好，務必先打開心結，就算婆婆、小姑的確很差勁，但有必要跟她們計較嗎？是她們強迫的？還是自己「逆來順受」呢？如果實在做不動了，老實、婉轉的說出來吧！

老天爺考什麼呢？希望她能夠爲自己站出來說說話，不管是身體還是其他。

＊Linda

在過去世裡媳婦被虐待，所以她會有怨恨不平的心理衝擊。如果沒有學會「放下」，那麼隨著輪迴轉世就會把過去世的習性與感覺帶過來，當處於相類似的情境之下，因果的當事人很容易就會回到過去世的情緒中。

「呼吸常常感覺到氧氣不夠」的現象，類似醫學上的「心身症」，這是一種心理上的壓力過大，造成身體上出現症狀。這些病人可能會有呼吸困難、胸痛、拉肚子、胃痛，或是頭痛等等不適。當情緒激動時，症狀就會發作。這類病人常被緊急送到醫院急診救治，檢查通常都正常，經過休息，或者給予少量鎮靜藥物，就會恢復正常。

＊後記：

九十四年十二月四日，很幸運的有機會在高雄與老師作一對一的問事，其中我問到了跟母親的因果關係，老師給的畫面如下——那一世我是男的，父母雙亡，是被大房祖母虐待的偏房孫子，正徒手推動沉重的石磨工作著，沒有使用牛馬等牲畜代替。老師說：「妳的個性也未免太過於委屈求全了！」那一世的祖母就是我今生的母親，由於她是有心來還債，所以今世母親會對我非常好，事實上眞的也如此。

我想，要跳脫這些受虐的心結，我應該從改變個性著手吧！別人對我不合理的要求，就不該默默承受，應該在我能力所及的範圍內努力完成即可。我期許自己「放下」的這一天，能夠很快的到來。

認錯的重要性

豆豆

問母子因果

過去世，在一個農村裡，我是家裡的小姑。有一天，嫂嫂有事外出，我自告奮勇要幫嫂嫂帶小孩。這個小孩才三歲，由於我並沒有帶小孩的經驗，大意地將小孩放在一隻驢子上。正當我轉過身，背對著坐在驢子上的小孩時，小孩竟然跌落在地，我以爲小孩只是受到驚嚇而已。那夜，孩子睡得很不安寧，雖然嫂嫂曾問我：「白天孩子是否發生了什麼事？」但是我害怕被罵，所以一直都沒有告訴嫂嫂。過了一段時日，這小孩卻一直「長不大」，嫂嫂爲此到處求醫，但醫師們也找不出原因。那一世，這個秘密隨著我一起埋進土堆裡。

我的老公就是那一世的嫂嫂，而過去世那個三歲小孩就是我這一世的兒子。我是來還債的。

＊印證與迴響

我的兒子一出生就發現有「甲狀腺功能低下症」的問題，必須每天吃藥，且定期抽血檢查，本來三歲後便可以觀察是否能夠停藥，遺憾的是醫生後來還是宣告兒子必須一輩子吃藥及複診。「甲狀腺功能低下」的疾病如果不治療就會「長不大」，原來是我那一世造成的因，所以這一世我要來照顧他。

聽完老師的因果故事，心裡眞的嚇了一跳，因爲在這一世，也曾經發生過類似的事情。我帶鄰居的小孩出門，卻因爲一時大意而讓那個孩子受傷。害怕被責備的我也選擇不說，但最後還是被發現，所以就道歉了。

我把「怕被責備的個性」也帶到這一世了，那種驚嚇在我腦中久久不去。老師也提醒我說要對孩子好一點，不然老公會離開我，因爲他在那一世是孩子的媽媽。其實我也知道自己對兒子不太好，比起對待女兒來說，我對兒子的要求很高。也許是因爲他是第一個孩子，也或許是因爲過去世曾讓他受傷所帶來的陰影，我對他的一舉一動都小心翼翼，生怕他受傷。而且我變得有一點神經質，只要他不按照我的方式去做，我就會一直碎碎念，甚至很不耐煩地對他惡言相向。在聽完老師的建議後，我會改變對他的方式，我也會學習勇於認錯的個性。謝謝老師。

＊後記

如果新生兒罹患「先天性甲狀腺功能低下症」，會顯現表情癡呆、小鼻、低鼻樑、皮膚及毛髮乾燥、哭聲沙啞、臍疝氣、腹鼓便秘、呼吸及餵食困難、延續性黃疸及生長發育障礙等症狀。由於上述症狀在新生兒期不易發現，往往出生後二至三個月才慢慢出現，因此要早期診斷只得靠篩檢。「早期發現，早期治療」，對小朋友日後的智商、發育都有顯著的助益。

「先天性甲狀腺功能低下症」可能是暫時性也可能是永久性的，一般建議在三歲時重新評估甲狀腺功能，看看是否可以停藥。而如果寶寶到了三歲以上，仍需要補充甲狀腺素，那麼代表了寶寶應該是要「終身治療」。還有「智力發展」的評估很重要，應由訓練過的精神科醫師做。「先天性甲狀腺功能低下症」的患童也易有「聽力」上的障礙（約正常人的十倍），最好出生後二、三個月就做，以免影響語言的發展。其他輔助的檢查，包括骨骼成熟程度，以評估病童智能及身心發展預後。「先天性甲狀腺功能低下症」的治療爲：「補充適量的甲狀腺素。」其治療效果與開始治療期間的早晚有密切的關係。一般三個月以內即開始治療者，則有正常的發育機會。六個月以後才開始治療的很難有正常的智能發育。五至六歲才開始治療時，除了智能障礙外亦難有正常的身材。

爲了追蹤治療的情況，必須定期的檢查孩童血中甲狀腺激素的濃度。定期檢測生長發育與智力發展的狀況，總之，一旦發現爲罹病者，就必須與醫師密切配合，以避免不幸發生。

＊Linda

很多疾病都是「早期發現，早期治療」，在以上的因果故事中，過去世的小姑無法面對自己的錯誤，隱瞞了小孩曾摔落地上的意外，延誤了治療的契機，造成小孩一輩子長不大的遺憾與小孩母親的擔憂。這一世她需要來還債，親自體會自己心肝寶貝罹患「先天性甲狀腺功能低下症」的種種狀況。而過去世受傷的小孩也無法原諒姑姑無意的過錯，所以他轉世來要債，成爲「先天性甲狀腺功能低下症」患者，從出生就飽受抽血等各種檢查，還需終生服藥治療，實在也不好受。過去世小孩的媽媽也不原諒小姑，所以一起來轉世，這樣他可以親眼看到過去世的小姑在還債，但是自己身爲小孩的父親，應該也不好受。因此伶姬在書中一直強調要學習「原諒別人」，如果我們能放下仇恨的心，原諒別人的錯誤，我們就不須與別人一起來轉世，但是做錯事的人還是要承受自己所作所爲的後果。

不得志的政府官員

葉子

問弟弟的身體

過去世弟弟在當官，但是卻看到他穿著官服在喝酒，原來，他是很不得志的官。弟弟那時候的家境很窮，好不容易考上狀元，分發任職，本來是很光彩的，偏偏那個時代想要升遷要靠背景，他不是能力不佳，而是因爲沒有好背景，加上上司不公，所以升遷之路一直很坎坷，於是他藉著喝酒來麻醉自己。

升遷已不易，偏偏上司又有私心，如果有新人要來，上司就會將他貶職，把他的職位讓給新人……。貶呀貶的，最後終於被貶爲平民，弟弟只好回老家種田謀生。抑鬱的日子裡，弟弟仍舊藉著喝酒麻痺自己。有一天，他酒醉，在前往稻田的路上，自己絆倒了，剎那間重心不穩，往前栽倒在水田裡，溺斃而亡。老師說，弟弟因爲喝酒過多又溺斃，所以腦部很容易有障礙。

這樣的因果絕對會跟弟弟的上司扯上關係，上司一定會跟著弟弟來轉世。因爲先有上司的不公平在先，影響到弟弟的升遷，然後爲了新人，又隨意將弟弟降職，所以弟弟才會不得志，才會喝酒……。

我說：「目前弟弟都是媽媽在照顧。」老師回答：「那麼媽媽很可能就是過去世的上司來轉世。如果媽媽走了，弟弟大概也就差不多了，妳們這些做姊妹的也無法幫忙什麼。」最後，老師奉勸在公家機構上班的網友們，一定要很小心，因爲公務人員領的是納稅義務人的錢，是爲人民做事，如果沒有公平處事的話，一定會爲自己帶來很嚴重的業報。

＊印證與迴響

弟弟今年已經二十三歲了，是家中唯一的男孩子，卻是多重障礙的小孩。媽媽一路帶過來很辛苦，弟弟不是天生這樣子的，是因爲出生時臍帶繞頸，缺氧，又太晚發現，才傷到大腦，又變聽障。好在家中經濟也還可以，媽媽是國小老師，爲了弟弟又去修特教課程成爲特教老師，爸爸雖然之前也很敗家，但我們都撐過來了。

我是家中老大，有兩個妹妹。媽媽幾乎都是一手照顧弟弟，不用我們幫忙，她也沒有怨言。但是我還是很擔心父母將來老了，弟弟該怎麼辦？我又能幫上什麼嗎？（雖然媽媽說，到時候請菲傭吧！）弟弟的病似乎不太能變好了，因爲他哪裡不舒服，我們也都無法了解，而且他根本就不會說話，也聽不見。他的智商彷彿只有兩、三歲，又有自閉的現象，以前在家裡還會隨便大小便，現在才好一點點，會在泡浴缸時一次解決。媽媽也曾經將弟弟送去療養院，但被其他小朋友欺負，從此，就「在家教育」了，因爲媽媽不捨得。希望弟弟以後會越來越聰明一點，讓我們可以放心一些……。

＊伶姬

一般人很容易忽略了當「公務員」的重要性，就像當「老師」一樣。想一想，公務人員領的是所有人民的納稅錢，他們的行事一定要秉公處理，更要守「法理情」，怎麼能夠有任何「私心」呢？因此，公務人員的「因果罪」非同小可，同時，官越大，因果也越重，因爲官位越高，影響力越大，當然因果越背越重。

＊Linda

上司對弟弟的「不公」，雖不是直接置他於死地，但是其中包含很嚴重的「故意、惡意」因素。因爲上司「不公」在先，所以才會有那麼多的後遺症發生，因此，如果將弟弟的死亡原因往前推究，那麼，上司一定就是那個最主要的「債務人」了。弟弟自己藉酒澆愁，最後因而溺斃，這部分的因果一定會造成他的腦部出問題。然而，當弟弟要報復過去世上司對他的不公時，勢必也要帶著病痛的身體來當做證據。

想想，當弟弟受到不平的待遇時，他曾抗議嗎？還是逆來順受呢？也許他就是逆來順受，所以才會一直待在原處，一直遭到排擠……。他的人際關係會好嗎？這一世弟弟既聾、不語又自閉，也是可以理解的。雖然當事人問的是弟弟的身體因果，而不是問媽媽與弟弟的關係，但是幾乎都是媽媽在照顧弟弟，所以我們可以推論大概是「媽媽欠弟弟的吧！」雖說上司過錯在先，但是弟弟也必須對自己身體的傷害負很大的責任，所以在未來世，他還會帶著病痛的身體再來轉世，那時候他會是自己身體的債權人與債務人，只是不會病到必須讓別人照顧他而已。

因果故事發生的過程中，如果債權人（不得志的弟弟）因而死亡，那麼就是「欠命欠一輩子」，既欠命又欠情、欠錢。當「欠命欠一輩子」時，老天爺會在債務人（上司，媽媽）的身上動手腳，讓債務人的個性作一百八十度大轉變，好讓債務人可以「心甘情願」的照顧債權人的身體。通常債務人得「親自」照顧債權人一輩子，直到債權人死亡，所以這類的債權人如果被送到療養機構，往往過沒多久又被送回家來，讓債務人「不得不」又負起照顧的責任。如果債務人比債權人先走，那麼債權人也常不久之後就跟著離世了。

寡婦與鰥夫

Sophie

問夫妻因果

在過去世先生是鰥夫，他那一世的太太因爲難產而去世，留下一個十個月大的女嬰，他很疼愛這孩子。我在那一世是寡婦，先生雖去世但沒有小孩。我不喜歡這個鰥夫，可是很想要他的女嬰，於是我常常故意做一些讓他以爲我喜歡他的事。有一天，我利用去他家的機會，在他酒裡下藥然後把他灌醉，趁他昏迷時，我把小女嬰偷偷抱走，並且搬到他處居住。後來，我發現這個小女嬰很不好帶，於是在小女孩兩、三歲時把她賣掉了。這個被我偷來又賣掉的小女孩，就是我現在的大女兒。

老師說從這個因果故事來看，我一次欠了兩個人，欠先生又欠大女兒。尤其是大女兒，是屬於很嚴重的「欠命」，因爲小女嬰沒有獨立生活的能力，加上我又是「多次」的「故意」、「惡意」行爲，所以要加重許多。寡婦故意假裝喜歡鰥夫，這是第一次的惡意行爲；下藥灌醉鰥夫還偷抱走小孩是第二次的惡意行爲，這是大錯特錯的不智之舉；第三次呢？如果寡婦不想繼續撫養小女孩，說什麼也應該要把她送回親生父親那兒，而不是把她賣掉，更何況鰥夫非常疼愛這女兒。至於我把小女孩賣到哪裡呢？因爲我問的是「夫妻因果」，所以，老天爺沒有再繼續給任何的訊息。

＊印證與迴響

伶姬老師一句：「累了啊！」我的眼淚就忍不住掉下來。眞的，十年的婚姻就是一個字——「累」。十年來我一直告訴自己要忍耐，對於先生的火爆脾氣，我總是以「壓力大」來解讀。自從我們家老大安安三歲時逐漸不太對勁以後，夫妻之間的關係更是雪上加霜。先生曾經指著我說：「妳眞的很該死！孩子會這樣，妳必須負起全部的責任。」就這樣又默默承受他更大的情緒起伏，因爲他的情緒常隨著孩子的表現而高高低低。

關於安安，她在三歲前的發展和一般孩子無異，慢慢地我卻感覺到有些不對勁。我一直從事教育工作，職業的直覺告訴我「安安怪怪的」，但卻無法明確說出怪在哪裡？安安的幼稚園園長說我「太敏感」了。當我帶她到高雄醫學院做評估時，主任告訴我孩子很正常，我鬆了口氣。安安四歲時，原本愛唱歌、跳舞卻變得不唱也不跳，也越來越沉默了。我帶她到高雄長庚醫院做評估，結果醫生診斷為「高功能自閉輕度智障」。

安安五歲了，原本有問有答，而且可以回答十個字的能力，現在卻只能答「是」、「不是」、「會」、「不會」、「要」、「不要」的簡單詞句，當再一次評估時，安安升級為「中度智障」。最近，安安滿八歲了，已經完全沒有語言能力，唯一有的聲音是——「哭聲」。

這些年，我帶著她跑遍了中南部的各大醫院，做了無數次的抽血檢查，結果都是「正常」。因為一直找不出原因，所以也無法針對她的症狀做治療，唯一知道的是，她的腦部漸漸「萎縮」。醫生說，以她這兩年萎縮的速度，估計再六年左右她就會癱瘓臥床。我每天帶她做西醫的復健、中醫的針灸、馬術治療等等，就只是希望她腦部的萎縮速度可以變慢。

聽著錄音筆中前幾年幫她錄的歌聲，看著為她錄的影帶中蹦蹦跳跳的身影……，我的眼淚就會忍不住潰堤。

先生這一、兩年開始積極幫安安上課，可是他的態度很嚴格，他會怒斥她「白癡」，也會賞她耳光。每次上課總是以安安的哭聲做爲下課鐘聲，這些都是我無法忍受的，爲此夫妻之間的關係更是降到冰點。我不願再沉默，開始反擊，先生覺得我的頂嘴是對他的挑釁。當我告訴他已經忍了八、九年，不願意再忍耐，他竟回答我說：「妳既然已經忍了八、九年，就應該再繼續忍耐下去！」

＊後記

在我心裡，一直有個聲音：「如果我可以離開……。」可是老師卻告訴我：「這樣的因果，夫妻是分不開的，更何況妳是一次欠兩個人。」聽完老師的說法，我反而鬆了一口氣。因爲當我面對人生的岔路口，卻不知何去何從時，反而更痛苦。如今，我知道該怎麼做了！即使這是一條很難走的路，我也已經準備好了。

老師告訴我：「妳應該和先生做溝通。」從台北回到高雄後，我和先生的關係的確改善不少，因爲我的態度軟化了。當他幫孩子上課時，我會試著去告訴孩子：「爸爸是要讓安安更棒才這麼做，安安要加油喔！」先生似乎也感覺到我和他站在同一陣線，所以他也比較不打安安了，希望我的努力可以繼續改善家裡的氣氛。

＊伶姬

在這個因果故事中，妳欠了兩個人，一是先生，一是大女兒，而妳得分兩世來還債。這一世先償還大女兒的債（較重的因果先處理），而未來世才是償還先生的債。如果在這一世裡，妳能夠好好的與先生溝通，心甘情願地照顧大女兒，說不定這一世就可以把「夫妻之間」的因果債務也一併償還完畢。

在過去世，先生很疼女兒，但是被妳設計欺騙而失去心愛的女兒。但是他只知道妳抱走女兒，卻不知道妳還把她賣掉。所以，凡是牽扯到與女兒相關的事務時，他對妳就會有不信任的感覺，而且心懷怨恨。平日對於女兒的教導，應該以先生為主，支持先生的做法，善意的鼓勵大女兒聽從先生的話。不要急！試著讓自己慢下來，沉澱下來，反而可以找到更好的解決辦法。好好愛他們吧！

借酒澆愁

無事不忙代筆

問健康因果

她，是我的朋友。在過去世裡，是有錢人家脾氣拗強的小姐，身材跟現在差不多（矮胖型），長相也不怎麼樣，嫁不出去。雖然如此，父親也還不至於想倒貼錢嫁女兒。總之，就是沒人來提親。

她獨自待在樓上的閨房，側躺在貴妃椅上，不會喝酒的她卻一小口一小口喝著酒解悶，一邊還拿著刺繡的針（當時的小姐多少都得刺繡，但她覺得很煩、不想繡）輕輕的刺自己的頭皮。當時的她有自閉的現象，不願意走出去和別人打交道，再加上脾氣執拗，所以，父母也就不想勉強她。於是，她就這樣不停喝悶酒，直到死掉。

老師說長期喝悶酒屬於慢性自殺，酒精中毒等於服毒自殺。因為是慢性自殺，所以朋友的個性會比較消極、悲觀、對生活提不起勁。長期酗酒的人，通常肝、腎、皮膚、神經等排毒系統也會出現問題。朋友身體健康的因果與他人無任何關聯，是屬於自己欠自己的因果關係，故病情不會嚴重到需要別人照顧。

老師建議這類型患者不可常常待在室內，要到空氣流通的地方多呼吸新鮮空氣。醫師建議的藥還是要吃，可是一定要靠運動及呼吸新鮮空氣來排除體內的毒素。只要持之以恆照顧身體，這一世還完自己身體的因果債（自己是自己的債權人與債務人），來世老天爺會再給予患者一個健康的身體。

＊印證與迴響

我和朋友已經相識十七年了，那天聽到老師調到的因果故事，我好震驚，內心長期以來的一些疑惑終於得到解答。

朋友於三十五歲時發病，醫師診斷出她罹患「類風濕性關節炎」，是屬於多發性關節炎的疾病。朋友發病時，全身多處關節腫痛，痛不欲生。當她覺得狂痛無比時，家中卻無人伸出援手來照顧她。朋友自發病以來，變得非常自閉，常一人獨自待在家裡，足不出戶。

這一世她的家境還好，不算有錢人，但在學校時，舉手投足與講話口氣，十足像極了有錢人家的大小姐，她也常常向我們這群當時土不拉嘰的女大學生發「大小姐脾氣」。真印證了「江山易改、本性難移」！原來「本性的造成」也可能是好幾世的累積，難怪伶姬會說：「改變個性比移山塡海還要困難！」

記得大四時，大家都忙著畢業後的種種規劃，我有個考試機會可以直升學校的研究所。朋友得知我想參加考試時，她非常驚訝，她說：「妳已經找死人麻煩找了四年（我讀的是文學院），妳還想繼續找下去喔！」我覺得她說的很有道理，於是就放棄考試升學的機會。

朋友從大學時代就一直認爲：「讀書、工作一點都不重要，最重要的是——要擁有姣好的容貌（朋友在念書時就用進口的保養品，外加勤於做臉）、窈窕的體態（朋友嘗試各種減肥藥再加減重課程），然後就可以很容易的找到一個愛自己的好老公，風風光光的把自己嫁出去。」朋友的這些謬論，我當時還照單全收了。

十二月三十一日網友聚會當天，我應該問老師：「我是不是服侍大小姐的那個小丫鬚呀？不然我怎麼會如此聽話呀！」我的心得是：「如果想擁有像林志玲一般的身材，至少要努力挨餓運動兩輩子以上。」哈！哈！哈！開玩笑的啦！請指正。

*後記

網友聚會後，我很希望聽朋友親口印證自己的因果故事，再替她記錄書寫，然而事後通電話時，朋友的態度非常冷淡，她覺得因果故事是眞、是假又如何？她只覺得今生今世，因爲她的病痛讓先生與小孩過得如此不愉快、不幸福，下輩子她要做牛做馬償還先生與小孩。至於印證的部分，就隨便我寫吧，唯一的要求——務必匿名。

聽朋友如此灰心喪志，我當然鼓起如簧之舌，好話說盡鼓勵她。後來，她才告訴我，網友聚會當天結束時，她非常高興，我和她跑去誠品書店前聽民歌演唱。剎那間，兩個四十幾歲的歐巴桑，恍惚回到學生時代的美好時光……。我緊緊抱著她，要她一定要加油恢復健康。

朋友說：「這種棒透了的感覺，只維持幾個小時。」她一回到家打電話給先生，先生竟然因爲發燒就診中，而網聚當天規定孩子不方便在場，所以孩子整天跟著爸爸去工廠團團轉。因爲既發燒又帶著小孩，所以先生就把公司比較好的廂型車開回家，然後停在路邊。元旦當天，他們全待在家裡。不料，一月二日早上七點，先生打起精神，拖著尚未恢復健康的身體要去工作，赫然發現廂型車被偷了！

朋友的先生從事勞力工作（喔！應該說既勞心又勞力吧，因爲他是工頭），每月收入僅四萬餘，房貸、孩子安親班費（朋友無力照顧孩子）、憂鬱症的母親、類風濕性關節炎的妻子……。朋友告訴我她的先生愈來愈瘦，她很難過。廂型車被偷了，每月寅吃卯糧的他們根本無力償還，她也不敢再多問一句，生怕先生會更煩。唉！我的心情也沉重了。

最後，朋友說，如果一定要她表達一些感想，她覺得伶姬老師讓她想不透，素昧平生，老師竟然站了一下午，絞盡腦汁爲陌生人解說人生困惑，且分文不取，她覺得實在太不可思議了，謝謝老師！（當然啦，一群英俊美麗的籌辦工作人員，她也是由衷感謝！）

＊Linda

「類風濕性關節炎」是屬於多發性關節炎的免疫疾病，目前並無可以治癒的特效藥，只能控制症狀，減輕關節發炎的程度。它主要侵犯手腳的小關節，但是嚴重的也會侵犯其他關節。病人的症狀輕重不一，有些人只是輕微的腫痛，有些則會在幾年期間就有嚴重的骨頭破壞，造成關節變形。

因果故事的當事人目前接受最新的免疫抑制劑的治療，效果不錯，症狀改善很多，也符合因果故事中病況是可以自己照顧自己的程度。過去世她躺在貴妃椅上喝悶酒，足不出戶，這是不對的。她過去世是慢性酒精中毒，需要靠運動及呼吸新鮮空氣來排除體內的毒素，但是過去世足不出戶的習性會隨著轉世帶來，或許因此老天爺動了手腳，強迫她不能再躺著不動，需要出去走一走。這一世她罹患類風濕性關節炎，當她靜止不動時，關節反而會覺得僵硬不適，尤其早上剛起床時最嚴重。關節發炎越嚴重，她需要活動時間越久才能讓關節僵硬的情況改善。

面對重病的家人

Babylily

問身體因果

我想伶姬看到是因果病吧！她看見父親拿著一個豬的內臟在灌水……。當下，我原以為是「今世因」，但也許伶姬看到的是「過去世」……。雖然老師還未說完，我已知道為何父親會有今日。這一世父親開麵店，小菜之一就是「豬肺」。豬肺很髒，清理方式就是往內灌水，待豬肺膨脹三倍大，再將水擠出。從小，父親就交代「不准吃豬肺！」而為求湯頭甜美，客人捧場，因此調味料也加了很多。父親病後，常要抽痰，那痰液就如當初豬肺擠出的黏液。

＊印證與迴響

去找伶姬是因爲眞的無路可走了，已到崩潰的邊緣，我拿起電話的手是顫抖的。第一通電話撥不通，我告知上天只撥三次，不通我就不再打，誰知再撥就通了，先報了座談會；而下午我只撥了一通，就預約到一對一的問事服務。或許是上天憐我一片孝心吧。

父親因九二一大地震而全身癱瘓。他的頸部以下無知覺，無法動彈，但意識清楚。雖求盡醫藥、神明，卻無藥可解。我悉心照料兩年，身心俱疲，我憂恨自己無法幫忙。爲醫父病，我習得長生學氣功，能解父親一時急症，卻無法助其康復。

在照顧重病父親這段期間，自己曾一度怨恨「孝順」這個字眼。我不要因爲照顧而博得孝順的美名，我寧可父親健康，而自己是不孝的孩子。我這嫁出去的女兒擔起照顧的責任，理由是他們認爲「我最有空」，而且又會「氣功」，能減輕父親的不適狀況，更是理所當然要承擔。但是自己家庭與娘家兩邊壓力之大，常壓得我偷跑到附近的廟裡哭給菩薩們聽。只有在那兒，我能盡情的哭，發洩壓力，因爲回去後，我還是得「笑顏以對」。

以前我老覺得自己做得不夠好，會氣功卻幫不了父親。參加過伶姬的座談會，看過書，我解開心結，知道凡事盡力就好。因果是無法替代的，我能做到的，只是在父親有生之年好好照料，讓父親舒適些。我不再給自己更多的壓力，並學會了不再自責，不再覺得虧欠不安。

爲了讓父親生活品質好些，讓母親和自己的憂鬱症減輕，且回歸正常的生活，我決定堅持請外傭做貼身照顧。這一切，當然是經過抗戰爭取來的，家人覺得久病床前無孝子，誤會我終於要拋棄他們了。後來時間證明請外傭是正確的，經過外傭二十四小時貼身細心照料，每日推輪椅讓父親外出散步。母親也不用累到自己生病，並能有個安穩的睡眠。往日的笑容又悄悄回到父母及家人的臉上。而我呢？終於有時間可以陪孩子外出，有時間上網，可以去學校當義工，笑容也回到我臉上。和父母同住的家人們因爲我不再天天回娘家，也接手問候父母的工作。

我接受命運的考驗，也接受現況，找個對大家都有利的方式，而不是困在那個圈圈當中。困在圈圈裡，可能會讓大家身體都生病，心靈也承受不了。

座談會上，伶姬很努力想幫忙我找個求醫的方向，可是最後也只是吩咐我在父親有生之年，好生照料。很殘忍的答案！打碎了希望，卻也開了另一條路。未來的照料之路，可能漫漫無期，我和家人們都要陪著母親好好走下去，不能倒。

當然，我們還是抱持著希望照料，但以正統醫療爲主，不再盲目付錢，迷信高價偏方而讓父親多受罪。曾經相信一位高人，自稱「放血」一次，收費六千元，經過一週的治療就能讓癱瘓的人起床。結果，弄得父親背部針刺得血淋淋一片，又感染發燒。還有一次，相信宣稱「幫了多少人站立」的草藥偏方，只要兩萬元。結果，父親吃了很多帖依然不見效，反倒是藥苦難入口。

在所有管道都無效的時候，還是會陪著母親到各宮廟去問神。那是母親的希望、依靠所在，宮廟雖無實際幫忙效果，但卻有心理治療作用。那兒有很多有著各種煩惱的人會互相安慰打氣，讓不識字的母親在希望中度日。生活總是需要希望，才能有精神的過下去。「山不轉路轉，路不轉人轉，人不轉心轉」，在考驗中，日子還是要過下去的。

＊後記

最近這兩個多月來，幾乎天天跑醫院。這陣子，我看老爸在加護病房，他的身上插著許多針管，我好心疼。昨晚祈求菩薩：「如果爸爸能好，請菩薩幫忙，讓醫生用對藥，控制好爸爸的肺部狀況。如果時間到了，求菩薩別讓老爸多受折磨，帶他好好回去吧。」

週二早上七點多，接到醫院的電話。電話那頭說老爸心臟一度停止，急救中。我和家人心中早已有心理準備，連忙趕去醫院。到醫院時，醫生正忙著按壓呼吸器，醫生說：「全身器官衰竭，心臟也負擔不了，多陪陪吧……。」家人圍繞父親身邊，淚眼相對，只能叫喚著「意識渙散」的父親，空泛的要他再加油。

輪到我在老爸身邊，我一如以往探訪時說道：「老爸！女兒來看你了！說故事給你聽吧！你最喜歡聽我說故事。我告訴你，早上綺綺考試考了兩個一百分喔！（老爸渙散的眼神，剎那間集中了，一度清明了）這孩子考了一百分，還故意騙我說考六十三分，問我該怎麼辦？我說六十三分啊？那要打屁股！（老爸眉頭皺了一下）綺綺才說沒有啦！是考一百分！很頑皮喔！」

家人看到老爸意識集中，趕快一個個過來讓老爸看一下，老爸看過家人後，他的眼神又渙散了……。

我在他老人家耳邊輕輕說：「老爸！我也要給你兩張一百分。一張是當爸爸一百分，因爲你把我們五個孩子都教養得那麼好，每個兒女都家庭美滿，你是一百分的老爸。一張是當阿公一百分，孩子們都念念不忘阿公的好。老爸！如果很累了，就跟菩薩回去吧！媽媽，我們會好好照顧的。這一生你的本分都做到了，沒什麼好掛心了。」

「老爸！女兒要告訴你的話，千萬要記住喔！平日你總是教育我們『做人要有肚量，有肚量就有福氣』，當你回去之後，也一定要有肚量喔！當你跟菩薩回去之後，祂們會請你回頭看看你曾經走過的這一生……。如果有人欠你錢或倒會，或對咱們不好的，千萬記得一定要原諒對方，千萬別讓菩薩作主。記得要跟菩薩說，原諒他們！不要他們還了。你這一生也曾經幫助過很多人，記得喔！行善助人本來就是應該的，記得告訴菩薩，不要對方報恩……。」

「老爸！我拜託菩薩好好帶你，你要跟好，慢慢走。六年多沒走路了，會不習慣的，你可要慢慢走喔。馬上你就要恢復健康，可以自由自在了，我會笑著送你。別掛心喔！去那邊先好好休息，再去逛逛，記得要回來看我喔……。」很傷心！很傷心！但卻不能哭！要給老爸看到我的笑臉和祝福。要支持老媽！讓老媽寬心讓老爸放心的走。

十二點多，老爸跟著菩薩走了。

自殺

我的憂鬱症

小八

問健康因果

就在除夕的當天，適逢我姥姥過世，我跟精神科醫師與伶姬阿姨約在高雄一間飯店，接受因果問事的服務。我爸媽隨同我進去，我對阿姨的第一印象就是她穿著一襲淡紫色衣服，很漂亮，阿姨的態度很大方，我跟我爸媽則顯得緊張許多。

當時，阿姨她沒做什麼，只是閉上眼睛，側著頭，像在思索的模樣。午後的陽光穿過落地窗照著阿姨的側面，一切感覺非常舒適溫暖。但是這樣平靜的氣氛在她再度抬起頭時被打斷了。

「妳對男人有沒有什麼特殊的感覺？」伶姬阿姨她一開始就問我。

「還好，只是有點怕怕的。」我回答。

「一定要老實講。」接著她用堅定的口吻告訴我。

我請爸媽先暫時離開，等他們都走了之後，在她雙目逼視下，我不得不吐露埋藏在內心最底層的秘密。

「我對男人一向有戒心，可是對異性的渴望又異常的強。在我所有縱橫交織的思路之中，情欲這個部分佔了很大的比率。」我回答。

然後，她告訴我，我不幸的前世。

大約民國初年，我出生在中國大陸的一個小村。那年我國小剛畢業，準備參加同學們的惜別會。在場只有我一個女生，其他都是男孩子。會後，我被班上五個男同學監禁，並輪暴了三個月，後來我逃出來躲在家中。我雙親很早就過世了，由叔叔嬸嬸把我帶大（他們就是我今世的父母），但是他們本身也有許多孩子要照顧。

事發之後，他們無法顧及我的生活，我便離開家流浪去了。消息傳得很快，不管我走到哪裡，總會有人對我指指點點、排擠唾棄。好不容易在我二十多歲時找到縫級的工作，卻又因這謠言而被迫離職。就像一般年輕的女孩一樣，我也對「愛情」、「婚姻」有期望與憧憬……，可是卻因爲「輪暴」的事實一直緊緊地跟著我，沒有一個男人敢娶我回家。就像一般年輕的女孩一樣，我也對「愛情」、「婚姻」有著期望與憧憬……，可是卻因爲「輪暴」的事實一直緊緊跟著我，沒有一個男人敢娶我回家。二十一歲的我決定出家，剃髮當尼姑，但是二十四歲時我卻在廟裡上吊自殺了。

＊印證與迴響

當我聽了這個故事之後，相當驚訝，問醫師有沒有把我的秘密洩漏給她，醫師鄭重否認，阿姨只是微笑。讓我覺得不可思議的是，她完全把我潛意識裡最害怕、最困惑的事情講出來了，而且是用一個完整的故事來講述。

我從小就很怕遭人冷眼看待，有時候會莫名其妙的感到孤單而哭了起來。然而實際上我的人緣並不差，常常都是我自己胡思亂想、鑽牛角尖。至於遭到異性強暴這樣的事情，我想，可以肯定的是我對異性還滿排斥的，但我又常禁不住有性幻想。

此外，阿姨解釋說，由於我上輩子上吊自殺，這輩子可能因當時上吊造成的腦部缺氧，導致我這世腦部會出毛病。我現在患的憂鬱症實際上是第二型躁鬱症，又是季節性情感障礙症，每年都會發作。奇怪的是，我跟家人原本一直認爲是基因遺傳，但是後來去做皮紋檢測時發現我的基因並沒有精神官能症上的遺傳問題。無論如何，每年發作的憂鬱症的確讓我滿困擾。

患上憂鬱症使我歷經多次想要自殺的衝動，在見阿姨之前，我幾乎無法克制自己去從事這樣的行爲。然而阿姨的說法讓我對自殺這件事有了新的省思：「一再的逃避不但對自己毫無益處，而且浪費光陰。」接觸靈媒就像是接觸了另一界的事物，我開始將人生當作一場學習，學著如何珍惜自己的生命、克服困難。我也領悟到一件事這是一位朋友告訴我的——「人生不是得到，就是學到。」即便我現在還是偶爾會出現自殺念頭，也不像之前那樣讓自己完全耽溺在死亡的幻境裡。以自殺的方式重生是要付出代價的，這是我過去從來沒想過的事情。

我感謝阿姨引領我了解生命的意義，也感謝她如此鼓勵我經營憂鬱症病友關懷網站，我今天會有這樣的成果，絕不只是因爲想開了而已。我也鼓勵有自殺念頭的朋友，不妨多看看阿姨之前的著作，就當作參考也好，起碼可以阻止自己再做一次傻事。

＊Linda

在過去世自殺的人，通常會很快的再來轉世，再來學習不要用「自殺」來逃避問題。由於當事人是用上吊的方式來自殺，所以頭部與頸部都會出現問題，因而常會有精神方面的疾病，應該尋求正規醫療來協助控制病情。

婆婆生病了

蘇蘇

先生問媽媽的健康

伶姬老師看到的畫面是：「她服毒後，獨自一人躺在床上。」伶姬問：「她是不是腸胃、肝、腎、皮膚還有神經不好……。一般來說，自殺的人再來轉世，個性上都比較悲觀、消極，也常常會出現精神上的毛病。另外，到了跟過去世自殺一樣的時間點，當事人的情緒也往往會有莫名的失控與恐懼、憂鬱感。」老師也提醒我們，要小心她這一世也許會再做同樣的傻事。因爲自殺的人不珍惜自己有形的肉體，所以在因果罪中排名最重，當這些人再來轉世時，老天爺一定會考同樣的題目，看看他們能不能學會不要再用自殺的方式解決問題。

*印證與迴響

在過去世，我婆婆是服毒自殺，而這一世　在問事後不久，竟也發生類似的情形。因爲她是服毒自殺，除了有腸胃問題外，也會影響到神經系統。在當時，我婆婆的確有這樣的問題，但不是長期都如此。婆婆在去年開始胃不舒服，晚上也睡不好，即使看遍了各種醫生，其中包括腸胃科、精神科及睡眠障礙科，也做了各種檢查，都查不出原因，也都醫不好。她吃也吃不下，所以那陣子瘦了很多。而我婆婆約六十出頭，也跟她前世服毒時的年紀差不多，只見婆婆愈來愈悲觀，在在表現出憂鬱症的症狀。

老師也鼓勵我婆婆要多出去走走，因爲畫面中她是「獨自一人」，可見她那世「很孤僻」。這一世我婆婆很好命，在我公公的保護下，她沒出去工作過，也很少自己一個人坐公車出去。個性上也不錯，帶過不少小孩，還會跟鄰居聊聊天。不過腸胃不舒服的時間點一樣，她是突然變得「憂鬱」起來，不願出去走走，也不像以前一樣開朗。我們想盡法子帶她出去玩，她就是不開心，寧願待在家裡愁眉苦臉，雖然也有去拜拜，但效果不佳。

老師提醒我們因爲她過去世是自殺死亡，所以這一世也可能會有同樣的情形發生。

問事回去之後，因爲怕我公公無法接受，所以並沒有告訴他。但不久之後，我婆婆曾把「鹽酸」放在面前，眼睜睜地看著鹽酸發呆。這情形被我公公看到了，他當場打了婆婆一巴掌，卻沒有辦法阻止相同的情形再發生。

一、兩個月後，當公公帶著她跟我兒子回南部時，婆婆利用大家都不注意的時候，竟然在浴室偷喝鹽酸。事發前一分鐘，我才跟婆婆講完電話，可是在電話中我卻沒有發現到她有任何異狀。幸運的是，婆婆的這一切舉動被我小兒子發現了，所以很快的就被家人送醫急救，但整個胃及食道都灼傷了。其實我家人都有一直注意她，但一個不留神，她就自殺了。

在醫院裡，她死意仍強，一直說：「爲什麼你們不乾脆讓我走算了？」爲此，我們二十四小時都有人陪著她。在醫院中，我念了老師的書給她聽，尤其是有關於自殺的後遺症這一部分，我念得更是仔細。我不知她是否聽得進去？雖然我念得不是很好，但就是想念給她聽……。

其實有一點我很好奇，因爲老師說過，自殺的人都會在來世再面臨同樣的問題，直到他學會不再用自殺來解決問題爲止。老師又說通常這些自殺的人身邊都會有一個人來幫助他克服障礙，我倒是覺得婆婆身邊有好幾個這樣的人，但到底是哪一個我也不清楚，有機會得好好問問老師……。

我不知道是不是因爲我對婆婆說了她在過去世曾經自殺的關係，婆婆現在恢復的情形還不錯。現在的她早上會去運動，好像是打拳之類的。她還會去開會，並且還參加了學校的志工媽媽呢！這原本應該是我要去的，結果是我們鼓勵她去。哈！

婆婆也會帶著我兒子坐公車出去逛逛，心情開朗，胃口也都很正常了。現在仍定時去看精神科，但是比出事時開朗多了。老師也非常鼓勵大家要做運動，有空的時候就去做義工或志工，我想對婆婆而言，這絕對有正面意義。

今年，整個家庭比去年此時快樂多了！但若沒有去年的事，我也不會變成熟，也不會懂得珍惜我所擁有的人事物。謝謝老師的書及精神，陪我走過人生中的關卡。不管別人對老師怎麼批評，但是，我從老師那兒學到向善的心及力量。謝謝老師還有這家族的人，雖然我不常發言，但我一直在這兒。

打破花瓶的丫鬟

蓮隱居士

問夫妻因果

在過去世，有一個丫鬟在整理房子時，不小心把員外心愛的花瓶打破了。由於事發當時員外並不在家，丫鬟也知道外頭有賣同樣的花瓶，於是就想趁著員外回來前，出門買個一模一樣的花瓶回來頂替，免得被員外責罵。問題在於丫鬟並沒有錢，她左想右想，居然突發奇想，偷了員外的錢去買了花瓶回來。員外回來後終究發現花瓶不一樣，於是找丫鬟來詢問。雖然丫鬟回答了眞相，但員外依舊非常生氣。他認爲丫鬟是自己花錢買回來的傭人，目的就是要丫鬟幫忙顧家，沒想到丫鬟居然做出偷竊的事來。員外心想要這樣的傭人有何用呢？於是要丫鬟把包袱收一收，隔日就離開員外府。丫鬟被訓後，越想越傷心，一時想不開，半夜裡就在員外府中跳井自殺身亡。

＊印證與迴響

我爸爸就是員外，而媽媽就是那位打破花瓶的丫鬟。在那一世，老爸並未欠老媽，相反的，老媽反而欠老爸，為何呢？

因為丫鬟（媽媽）偷了員外（爸爸）的錢，而丫鬟的自殺也並非員外所害，因此，爸爸並不欠媽媽自殺的因果。相反的，丫鬟的投井自殺卻害員外背上莫須有的罪名，因為外人可能會認為是員外害死了丫鬟，所以那一世的員外也不好過。就因為如此，媽媽（丫鬟）欠爸爸的可不是只有金錢而已，算算還真不少！

另外，因丫鬟上一世自殺，非員外所害，因此，若有身體上的病痛，也不會嚴重到要讓他人照顧的地步，因為並沒有人虧欠她。老師說老媽前世是自殺，因此，要注意此世可能會步上同樣的路。的確！聽我老弟說有次老媽真的衝到廚房裡，拿起菜刀要刎頸自殺，若不是老弟阻止，老媽就真的要再重來一次了。

聽說……當然是聽老媽說的囉！我小時候曾被老爸狠狠的打，要不是老媽護我，搞不好我會被打死。關於這段記憶我早就沒印象了，相反的是，我記憶非常深刻的是有一晚，老爸一直追著老媽打，還從家裡打到隔壁伯父家，甚至還追到奶奶的房中，決心要把老媽揪出來打。還好那晚老媽沒被老爸找到，才躲過這一劫！

印象中，我還依稀記得，到酒家找老爸回家；老媽帶著我抓老爸外遇；老爸海派地宴請朋友，卻不准我們小孩子靠近與食用；老爸與老媽吵到要離婚，老爸問我要跟他還是老媽？我怯怯的回答：我要跟老媽……。

還有，我是在建築工地長大的，小時候老媽拖著我們三兄妹在工地幫老爸做事，而我們就在工地完成功課及玩耍。總是見到老媽在幫老爸收拾東西與整理木材，而老爸有時就會找工人們一起去喝酒吃飯，咱小蘿蔔頭們就跟老媽回家吃老媽煮的飯菜。老媽說老爸年輕時可帥的勒！老爸有海陸退伍的體格，生性風流，交過不少女朋友。後來，奶奶要幫他安排親事，可是，老爸卻選擇了老媽。他們倆是自由戀愛，卻也是命中注定。

婚後，老媽任勞任怨扛起家計與幫老爸的事業，但老爸卻是風流不改，迄今未曾稍減。老媽在外地生下我的同時，老爸居然回嘉義老家，不知為何就是沒有照顧老媽。老爸曾經交給老媽一張支票，後來爸媽吵架了，老媽賭氣回到娘家。只見老爸趕到外婆家，居然不是接老媽回家，他開口第一句話竟是問老媽：「支票在哪兒？」

我大學畢業以後，老爸再也沒拿錢回家給老媽家用。而老媽呢？她老人家早在我念國小時，就一直以家庭裁縫來貼補家用，到現在也一直靠她的手藝賺錢貼補家用。前一陣子，老家因馬路拓寬被拆了一角，原本有一筆政府補償金，老爸說要留下來修繕房屋用，但現在卻早已不知去向。老爸對外跟親戚說是老媽不把老爸給她的錢（政府補助的一部分金額）拿出來修繕房屋，反而要留下來要給我娶親用。那天，姑丈特地來家裡了解情形，並勸說老媽拿錢出來時，我們才知道老爸說謊這件事。所有的親戚都相信老爸的話，居然沒人相信老媽、要爲老媽平冤。那天我在場，便據實告知老媽的經濟狀況給姑丈聽了。

以前，我在軍中，以及在新竹擔任ＭＩＳ時，每個月都有拿錢回家，而老媽就以我每月給的錢及家庭裁縫收入來維持家用。之後，我到中壢工作，就幾乎沒有拿錢回家了，事實上老媽都是以補償金在過日子，錢早就沒剩了！

老媽不解，爲何明明是老爸外遇不拿錢回家，所有的親戚卻認定是老媽的錯，沒有人相信老媽的話。老媽好怨也好恨，跟了老爸好多年，福沒享到，卻還要爲子女忙累到現在，連老妹結婚，所有的事都是老媽一人在辦……唉！

而我老媽就眞的一直在照顧家庭，她把家顧得好好的，總是不敢出外就業或是到外面工作，因爲只要她外出工作，沒多久就會因爲某些原因而必須離職回到家中才行，而老爸也難怪會那樣海派，因爲他是員外，所以上一世的習性也帶到這一世。

前一陣子老媽身體不舒服住院，老爸卻僅僅出現過一次，沒照顧到老媽，人就跑了。老媽在病房中，都自行處理自身的需要，當然做小輩的我們一定會在旁邊幫忙。我讓老媽聽完問事的錄音，再加上我的補充書明，老媽才恍然大悟的說，難怪老爸從不把錢交給她，婚後也不太當她是配偶的感覺。回想起三十幾年來我所看到、親身經歷的這一切，不禁感嘆因果的奧妙，一則小故事卻把所有的問題全部解開了。

＊度假人

伶姬老師的因果故事不應僅是用來勸告當事人如何逆來順受。倘若眞是那樣，伶姬因果論與一般社會上提倡迷信宿命論的江湖術士又有何不同？

當事人以及家人如能在聽到因果故事後，學會逆流中求上進，再用慈悲智慧來激勵其他家人一起成長，這下半部將會是最難做到，卻又會是最引人入勝的印證故事。

意外死亡

捨不得放手

月牙

問夫妻因果

那一世，我們兩個是男女朋友的關係，差別在於過去世我是男的，我先生是女的。畫面是我騎著腳踏車載她沿著池塘邊繞行。她很頑皮，也很開心的在後座搔我癢，車子因而歪歪斜斜，不穩地向前行。不料腳踏車的輪子絆到地上的石頭，兩人雙雙摔進池塘裡。我會游泳，她卻不會，結果她溺死了，而我仍活著。那一世的我，始終帶著對她的內疚與心結。老師解釋完說：「這沒有債務問題，純粹是你那一世內疚的心結解不開，所以還要再來一次。」我聽了有些詫異，終於知道我們會如此分不開的原因了。

＊印證與迴響

這一世，我們是夫妻。在認識之初，我們就有種「相識許久」的感覺，好像我們的緣分已經好多好多世了。在知道前世因果之前，只知道我跟他彼此分不開，無論何時何地他一定緊握著我的手，即便開車時也一樣。彷彿放開了手，就會失去了彼此。不知道因果故事時，我跟他一直相互敬愛，相互珍惜。知道因果故事後，我們慶幸著這一世總算圓了成爲夫妻的緣，感謝老天把這麼好的老公還給了我。現在我們還是一樣，無論何時何地永遠都是手牽著手。我們講好了要一直這樣牽手一輩子，不離不棄，補足上輩子無法相處的時間。

和過去世一樣的，這輩子我也會游泳，而他還是不會。老師建議他去學游泳，這輩子他要學會自己救自己，而他聽進去了。怕水的他現在常嚷著要我陪他去游泳。

＊Linda

爲什麼你們要再轉世成爲夫妻？你們從這個因果故事中，得到什麼樣的心得？除了珍惜感恩之外，還覺得如何？究竟老天爺要你們學習的課題是什麼？只是爲了讓你們「圓了成爲夫妻的緣」嗎？以現在的角度來看因果，雖然在過去世似乎你失去心愛的人，但是他並沒有消失。他不在你身邊，不表示他不存在。因果輪迴轉世的基礎在於「靈魂是永生的，肉體才會毀損」，我們永遠有機會再重逢，只是「在相同狀況下，當事人會如何？」這也是老天爺的考古題。

伶姬書上曾說，我們要珍惜「人與人之間相處的情緣」，是「善緣」來轉世就多愛一點，是「惡緣」來轉世更是要多愛一點，這樣就能「早還早了業」。過去世你們失去彼此，但是這一世你們又相逢。「生老病死」與「生離死別」都是人生必然的戲碼，如果再遇到相同的狀況，你會如何？你還會要求再來考一次嗎？

伶姬說過去世如此，如果這一世，萬一其中一人有了三長兩短，請問，另一方走得下去嗎？牽手珍惜固然是好，但能否多擴大生活圈子，否則下一世不能再在一起時，日子怎麼過呢？

＊網友回應

我想每一段婚姻的結合背後都有一個因果故事，俗話不也說「不是冤家不聚頭」，端看是善緣或惡緣。我倒覺得如果因果的運作法則只是如此單純，只是爲了讓當事人「圓了成爲夫妻的緣」而已，那麼人類似乎也不用活得這麼辛苦了。如果彼此之間沒有債務問題，而只是上一世的內疚造成了這一世的心結，那麼我們只是來「圓緣」呢？抑或來重溫「失而復得」的喜悅？還是來學習如何放下？「緣起聚，緣盡散」，人生不就是這個樣子？「死生契闊，與子相悅；執子之手，與子偕老。」我想這是每一個踏入婚姻生活者最初的想望。以現實面來講，「手牽手」不意味著就不會遠離，「不牽手」也不表示就不在乎，最難懂的是「心」啊！上一世的情投意合，換了個時空，一切都沒改變嗎？還是那個你明白的情懷嗎？誠如Linda所問：如果再遇到相同的狀況，你會如何？你還會要求再來考一次嗎？

＊後記

我想，老天爺應不只是要讓我們「圓夫妻的緣」。雖然老天爺的用意，伶姬並沒有說明。但在我的想法裡，我想祂是要我學習「放下」吧！帶著前世的「我執」轉世，好好的重修一遍。今生，一路走來到現在，已經三十個年頭，倘若再遇見相同的情況，我的心態已經不一樣了。在不知道我們的因果故事前，我和先生就已經約定好，無論誰先走，另一個都可以再嫁再娶，為先走的那一個好好的活下去。「生老病死」並不可怕，如Linda所知的，「肉體而已，靈魂不滅」。無論這輩子是否重演一次前世生死，哪個先走對我們來講其實不重要了，因為靈魂會引領我們再次相遇。今生我們自認最重要的課題已跳脫生死，我跟他最重要的是要好好行善修為，去幫助更多比我們更需要幫助的人，才不枉重新為人。

雨天接送情

阿梅

問夫妻因果

在過去世裡，她是富家千金，很率性、很會念書，但身體不是很好。他是莊稼漢，是她家裡的長工，很喜歡她。每每遇到下雨天，在她放學搭車回家時，他總是帶著傘趕到公車站牌前等她下車、爲她遮雨。千金並不喜歡長工，可是雨勢大的時候，她就會勉勉強強的接受長工的遮傘。有一天雨並不大，他還是來了，而她卻不領情地逕自走在前頭，留他在後面追趕著。天雨路泥濘，長工一心追趕著千金沒有注意到腳下的石頭……，結果滑倒了！頭部重重地撞擊到石頭，就這麼一命嗚呼了。後來千金嫁給他人，但是心中卻一直無法忘懷對莊稼漢的愧疚，因而懷著心結死去。

*印證與迴響

一直以來阿梅與阿志都是人人羨慕的夫妻，不僅事業有成，兒女也非常乖巧，生活十足愜意。卻爲何夫妻情分會從一百分跌到零分呢？阿梅心中一股怨氣每每總無法平復。她反覆思考，無意間體會伶姬書中的一句話──「哪一個考題是最難過關的關卡呢？答案是夫妻關！」於是阿梅決心探討她與阿志的因果關係。

因果故事居然這麼簡單，老師說在過去世，兩人並無相欠，只是彼此都是懷著心結而來轉世，所以今世夫妻相處的關係會是「因」而不是「果」。

但當阿梅聽到老師說他總會趕來爲她遮雨時，阿梅心裡就嘀咕著：「啊是在說這一世嗎？老師調到的資料是這一世的情形嗎？」一直聽到老師說長工跌死了，阿梅才恍然大悟。她心中之震撼眞難以形容，將思緒回到結婚之前，這情節可眞是一模一樣呀！因爲婚前兩人從認識、戀愛到結婚共兩年，而他也眞的是連續接阿梅下班兩年。

這一世，阿梅不是富家千金，但她家卻有二百多坪，前院種有芭樂、龍眼、木瓜，而後院有葡萄、各種花卉及許多蔬菜。阿志也非莊稼漢，他是住在阿梅家附近的鄰居。小時候他就常到阿梅家偷摘芭樂，而阿梅常常大聲吆喝阿志，對他也有點印象。老天爺眞是開了個大玩笑啊！幾年後，在一個下著綿綿細雨的黃昏，阿梅下班才走出公司門口，就看到阿志騎著機車要來載她。就這麼一載，他就連續兩年載她下班了。

結婚以後，夫妻倆開了家南北貨批發商店，阿梅很厲害，舉凡進貨、出貨、存貨都掌管得很不錯。民國八十二年，這對夫妻就在市中心買了兩棟房子。當然阿志也算是老闆，出的力也不少，反正他們配合得相當好，是大家公認的恩愛夫妻，雖然忙著做生意，但兩個孩子卻很自立，平平安安的都念到大學了。

可是好景不長，孩子剛上大學時，阿志的父母也相繼過世，有天阿志忽然開口說生意不做了，要享福了，就眞的開始自己一個人周遊各國。但是生意也不能說收就收呀，就這樣，夫妻倆開始吵架，由小吵到大吵，一直到去年阿梅乾脆不和阿志講話了。反而阿志倒樂得輕鬆，每天不是下棋就是泡茶，幾乎各國都玩過了。

然而每個妻子都擔心害怕的「外遇」問題呢？還好，阿志對外面的女人沒興趣。回頭想想，這就是阿志唯一的優點。

伶姬說，阿梅的問題是這世的因，因爲阿梅是來學習的，她是自覺內疚的人，覺得非常對不起過去世的長工。而阿志因爲在那世「還沒有結婚」就「意外死亡」，所以基本上，在這一世的婚姻生活中不太會處理夫妻之間相處的溝通問題，也比較不會規劃未來，是那種「及時行樂」型的人。

生活中，讓阿梅最不能忍受的就是阿志「很不會規劃未來」。家中大小事都是阿梅一個人扛起來，就連阿梅公婆的喪禮，也都是阿梅一手包辦。阿志的座右銘是：「甭煩惱，船到橋頭自然直。」而讓阿梅最懊惱的則是夫妻間難以溝通，不……不……不……是不能溝通。

舉例一：阿志四十五歲就要退休，雖然當時賺了些錢，但才四十五歲耶，如果能活到七十五歲，那可是還有三十年要活哩。何況還有一個妻子、兩個小孩，那時大的剛高中畢業，小的才剛要上高中。阿志是想怎樣就怎樣的人，天王老子他都不怕！一不順他的意，糟糕！眼前能掃倒的全部咚咚咚「害了了」（台語）。舉凡電話、茶壺、茶杯、裝飾品，甚至於魚缸、音響，無一倖免。優點是不會打人！但當時情景很嚇人，就像是颱風過境！接著，轉頭就出門去。出去那兒呢？「小鋼珠店！」然後三天三夜不回家。阿梅就必須含著眼淚默默清掃，再全部補貨讓一切回復原狀，等待自己心情平靜後再去找阿志回家。「打了三天了，回家吧！哪有人打那麼久？不累嗎？」「又不是只有我一個人在打，妳看，妳看，還有妻子陪先生在打呢。」阿梅簡直快昏倒，心中想著：「這……這……這是什麼邏輯啊？」

舉例二：阿志開車、騎車，從不遵守交通規則，一旦被交警攔下，他的第一句話就是：「你開呀！」然後交警一離開，他就撕掉紅單。有時會帶回家，往桌上一丟，啥也不管了。剛開始阿梅會偷偷的拿去繳，後來也不再管了。結果呢？當然是行照、駕照全被吊銷了，可不是吊扣喔。

舉例三：這是最離譜的一段對話。

阿梅：「你現在有錢，幾年後花光了怎麼辦？」

阿志：「花光了再拿房子去貸啊。」

阿梅：「貸完了呢？」

阿志：「再賣房子啊！」

阿梅：「房子賣了住那兒？」

阿志：「租啊！」

阿梅：「然後呢？」阿梅心想著，到那時候如果還沒死怎麼辦？

阿志：「妳煩不煩呀！那要好幾年後的事，妳操什麼心？」阿志很生氣的回答。在健康方面，很奇怪的是，阿志從婚後起，就會莫名其妙的頭痛，雖不是很嚴重，但還是常吃頭痛藥。

伶姬說：「人身難得，人生值得。要學習珍惜人與人之間的相處。」

在孩子長大以後，阿梅常對孩子說：「你們的爸爸根本不適合結婚。」這句話可讓她說對了，她深深覺得果眞如此啊。

如今，阿梅已經知道她和先生在過去世的關係，但她卻無法知道在未來世裡他會變成她的什麼人。這就是她這輩子的「今生做者是」。她覺得太晚知道跟先生的因果，如果在結婚後就立即知道的話，或許她會努力改變他，讓他能夠培養出「未雨綢繆」的心態。不過，也許她沒能力辦到吧！因爲「江山易改，本性難移」呀。

事後，阿梅又重看了《鬱金香通靈屋》的「學習」、《蓮花時空悲智情》的「修行中的夫妻關」。她想了兩天，試著改變自己，於是她跟阿志說話了。她開口說：「我們星期六到新竹找兒子好嗎？」心中還暗自害怕阿志不會甩她。好加在，他回說：「喔！妳甘願了喔。」就這樣，阿梅試著改變自己，希望多少也能影響阿志。但此刻，阿梅心中還是盼望著來世，請老天爺還是不要再安排他們兩人來相聚。好累！

從現在開始，阿梅從自身做起——放下！放下！再放下！

＊後記

雖然我沒有欠他，但卻帶著「心結」來轉世。過去世長時間那種對長工愧疚的「心結」，讓我一輩子無法眞正的放下，於是老天爺讓我倆重新來學習。

我自己這一方面應該注意的是，不要因爲愧疚的心結，把家中大大小小的事都攬在自己身上，自己一個人拚命做而「阻礙先生的成長」。我應該逐步放手讓先生學著去做，逼他「不得不」試著學習規劃未來，以及克服得過且過的個性。

我先生那一方面呢？因爲他過去世沒有結婚又意外死亡，所以，我想他要學習的是婚姻中最基本的夫妻相處之道以及如何做生活的規劃。

心結

被殭屍嚇死了

欣

問為什麼自己這麼膽小？

輪到我的時候，我說想知道為什麼我會這麼膽小。原以為會聽到大夥兒的笑聲，所以我很害羞。可是這件事對我的影響很大，所以還是硬著頭皮發問。

「通常比較貴氣的人都會害怕看到屍體、喪事，妳怕看到屍體嗎？」老師說。

「屍體……耶？」欣說。

「啊！我想妳也沒有看過屍體吧？我應該這麼問，妳看到喪事會怕嗎？」老師補充道。欣點頭如搗蒜。

「我看到的畫面好像是辦喪事的地方，有一排樂隊的樣子，前面有一個棺木，還沒有蓋棺，因爲蓋棺之前都要稍微化妝、整理遺容。

「什麼是死亡？』一個年約八、九歲的小孩問大人。

「就是人躺下去，就不會再起來了。』大人回答。

「會起來喔！會變成殭屍，會咬死人喔！』但是後面有大人半嚇人的說。

「那個小孩就站在棺木的一邊，長方形比較長的那一邊，對面剛好有一個大人蹲下去撿東西，突然站了起來……。那個小孩以爲是殭屍而被嚇到了。小孩生病了，高燒不退……，不久，死了。」

「死了？就死了？」

「嗯！就死了！活活被嚇死的，而且是被『人』嚇死的。」（大夥兒都笑了，連我聽了也覺得好笑。）

「現在妳知道那是『人』，不需要再害怕了吧？」

「那我爲什麼會怕小動物呢？螞蟻、蟲之類的，而且只怕小的，大一點的都不怕？」

「妳看到蟒蛇的時候會想到屍體嗎？」

「不會。」

「那妳看到小蟲的時候會想到屍體嗎？」

「嗯……會！」欣笑了。

＊印證與迴響

回家後告訴姐姐這個因果故事，她說，這個故事是不是帶給我們什麼啓示呢？

我從小就非常膽小，常生病，又愛哭。在家裡看到一排螞蟻努力的「走」過去，我也會嚇得攤坐在那兒，然後放聲大哭。至於蝸牛、毛毛蟲、蚯蚓之類的，我看到就心裡發毛，直覺的反應動作就是——趕快跑走。媽媽說我小時候就是因爲很膽小，所以常常得帶我去收驚。

記得讀高中時，有一年春天，學校裡面有很多毛毛蟲，路上、走廊、操場，走到哪兒，都是一堆彩色毛毛蟲，我根本嚇得不敢上學。除了想哭、想哭、還是想哭。上個月中秋節過後，我看到別人家在辦喪事，只是看到外頭搭的棚子，我就整整病了一個多月，收了三次驚，還去看精神科。

這種膽小的情形嚴重影響到我的生活，我自己也覺得如果這樣下去，早晚一定會出問題，所以才會藉著參加座談會的機會，鼓起勇氣發問。現在知道了這個因果，不知道會不會太慢？害怕蟲蟲跟喪事，已經整整二十年了，短時間內要把這個心結打開、把這個心結放下，好難喔！不過我還是會努力的。我想我會走過「怕殭屍」這件事，但是蟲蟲……！我想目前還很難呵。

在這因果中，應該沒有人欠我吧，至少我是這麼覺得，就算有人欠我，我應該也原諒他了吧？我猜的啦！不過現在的我並不怪他。

＊後記

小時候，大人看到喪事總會叫我們小孩子不要看、不然就是把我們的眼睛遮起來。不知道是因爲怕我們嚇到，還是覺得不吉祥，當小孩的我們，就只能懵懂的存著許多疑問。也許大人們也不知道該如何跟小朋友解釋什麼是死亡吧。現在我已經長大了，可是，當我看到喪事時，還是一樣徬徨、不解，雖然沒有不敬，可是卻也不知道如何面對。

當大人在教育小孩時，如果小孩不乖，就會說類似像：「不聽話的話，鬼會來抓你喔！」或者是「飯碗裡的食物沒有吃乾淨的話，以後會娶到貓老婆。」長大後的我，當然明白那是不可能發生的事，但在小朋友的心裡，也許會全盤接受。

也許因爲像我這樣被嚇死的例子並不多，所以沒有受到大家的重視。如果這樣的實際案例活生生的發生在你我身邊，是不是就會印象深刻呢。雖然可能是我自己的膽子太小了，但是如果以後我有小孩的話，一定不會用這種方式教育孩子。

大人有時候很難了解小孩子的心靈多麼的脆弱，與其帶到廟裡拜拜、收驚，不如把孩子抱在懷裡，親近他、關懷他，和他談心事，做他最好的朋友，而不是一味的恐嚇他、威脅他。也許孩子們忘得快，但在他們的潛意識裡，卻早已埋下了種子，只是哪一日才萌芽成長，我們不知道而已。

＊伶姬

不只是小朋友才有這種情形，近來，恐嚇或詐欺的電話越來越多，例如：「媽！快來救我啊……」、「你的老公在外面有女人……」我想，「聰明」的你我，接到這樣的電話，就只是掛斷，或者是一聲「無聊！」、「不要害人！」當我們從報上看到有人因此而受騙受害時，我們的感受也差不了多少，頂多成了茶餘飯後的話題，不然就是提醒家人……，因爲「事不關己」啊！

然而，在我的座談會中，就碰到許許多多這樣的案例，就連我住的這棟大樓，也曾有一個媽媽慌慌張張的要到提款機轉帳，機警的總幹事發現了……，並代替媽媽打電話到孩子的學校詢問……。還好！「就只是」一場詐騙而已。

我們以爲「沒什麼」、「就只是……」可是，當事人呢？我的另一本書《太陽花的憂鬱》中就有一篇〈詐欺電話〉。我把這篇文章再加入《野薑花的朋友》，希望給讀者們一個借鏡。

＊詐欺電話

也是這星期的事，有一位嫁到荷蘭的讀者，遠從荷蘭打電話給我……。隔兩天，一家人趕回台灣，就爲了見爸爸的最後一面。當我知道整個事件的來龍去脈時，我也傻住了！怎麼會這樣子呢？一個潛意識的害怕心結，從過去世帶到這一世，如果沒有學會「放下」，那麼就像顆不定時的炸彈，隨時都有可能會爆炸。

在這眞實的個案裡，請讀者們注意兩個重點，一個就是我前面說的——放下心結。另一個就是——不要以爲只是說說話而已，如果因爲你的惡意、不小心而害當事人出狀況，對不起！「惡報」一定會在未來世等著你。

親愛的伶姬老師：

如果能夠用爸爸不幸腦死的個案讓妳寫成一篇文章，公開警惕一般善良的民衆，不要再讓這些惡劣亂編謠言的詐騙集團欺騙，我想，爸爸在天之靈也會非常贊成。一向熱心助人的他，還有愛他、思念他的我們，也會爲爸爸深感欣慰的。

老師！我好愛他！我好想他！想他叫我的樣子！想他安慰我、鼓勵我在異鄉爲人妻、人母，要堅忍的那番鼓勵話語……。喔！老師，我心碎了！我心好痛！家中的每個人，何嘗不是如此？心中告訴爸爸，我一定聽他話，會好好努力，請他放心。

爸爸和媽媽的過去世「因」是這樣的：

爸爸被官兵追殺，可是他卻是冤枉的，在逃亡的途中遇到了媽媽。在那一世裡，媽媽是農夫，爸爸向農夫求救，好心的農夫把布袋內的稻子倒出來，再把爸爸裝入布袋，於是農夫扛著布袋，躲過了官兵。爲了安全起見，農夫多走了一段路，沒想到一打開布袋時，爸爸已被悶死了。

在這一世裡，媽媽一直在照顧爸爸生活中的大小細節，爸爸也一直很容易緊張，不喜歡待在密閉式的空間，例如電梯、車內（他一定會用手緊扶），可是，有時候他也好喜歡關在房內看英文書，讀文法。

（伶姫：那是因爲媽媽覺得虧欠爸爸，其實不然，爸爸應該還要報媽媽的恩情才是。在過去世裡，躲在布袋裡的爸爸會帶著兩種心結來轉世，一種是躲在農夫袋子裡的安全感，一種是怕在外被冤枉被官兵抓而意外悶死的心結。）

九十四年三月二十一日，爸爸的好友夫妻鬧意見，爸爸提議到他們家唱卡拉ＯＫ以緩和氣氛。從早上十點半開始，他們唱得非常快樂，當時爸爸的臉色稍紅，血壓有稍高的現象，所以下午五點回家，馬上服藥用餐。

晚上八點，媽媽接到第一通由女人打來的奇怪電話。

「請問是不是林太太？」對方的聲音尖銳。「是！」

「我要告訴妳，我不想傷害妳，我要警告妳，妳先生在外很『青蕃』，很『青番』，叫妳先生要注意！」

媽媽問：「請問哪位？」電話馬上掛斷。
第二通電話，爸爸去接。馬上掛斷。
第三通電話，又是爸爸去接，也掛斷。
第四通電話，媽媽接的，對方問：
「妳是林太太？」
「是。」
「我告訴妳，妳老公在外行爲不檢，我是陌生人，我不想傷害妳，但我警告妳，妳要對妳先生多加注意！」
「請問我先生哪裡行爲不檢？」
「有一天，有機會會告訴妳！」
「請問妳是否打錯電話？」
「難道有人告訴我的電話錯誤？妳先生叫林××。」
「對呀！請問小姐哪裡？」
「妳只要注意妳先生即可！」馬上掛斷電話。

爸爸問媽媽來者何意，等媽媽告知後，爸爸很生氣地說：

「我哪有做這些事？我都在家呀！又沒亂走，我去哪裡，妳也知道啊！」

「我知道，只是在外面不要亂說話，才不會讓人誣賴！」

由於被莫名的誣賴所影響，於是爸爸猛喝熱水。媽媽見狀不對，馬上打電話給住在附近的姊夫。短短的十分鐘內，爸爸已臉色發黑，口吐白沫，等到被救護車送往醫院時，已腦部缺氧，無生命跡象。（伶姬：爸爸過去世被誣陷而導致悶死的心結發作了。）

事情發生當時，爸爸把莫名的詐欺電話當眞，所以感到極度憤怒。媽媽形容爸爸當時眞的好緊張、好生氣！在這半小時內，爸爸心臟病發作、缺氧而接受急救。目前爸爸在加護病房靠呼吸器爲生，全身無知覺，昏迷指數三（最低）。

爸爸一生耿直、天眞，卻不小心把這通詐騙電話當眞，奪走了他寶貴的生命。我們一家人好心疼，好不捨。我們深信這幾通電話只是歹徒向媽媽詐騙的第一個步驟（手段）。可惡的歹徒們，是否能夠不要再四處欺騙無辜？希望善良的百姓們不要再像爸爸一樣，把詐騙電話當眞而氣憤或者受騙。（伶姬：截至九十五年一月，爸爸依然是植物人，住在療養院裡。）

母子情緣今生續

Babylily

問母子關係

在過去世裡，我們還是母子的關係。老師看到一個小小孩跑去河邊玩，一不小心就被河水沖走了，因爲事情發生得太突然了，就算想救也來不及。傷心欲絕的母親就在河邊豎立一個石碑，當作是孩子的替身。從此，只要一有空就守在河邊當義工，提醒過河者、玩水者要小心河中的暗流漩渦。

＊印證與迴響

參加網聚，有機會可以問事眞是意外，這也讓我收穫很多。其實，沒想到有什麼特別要問的。生活，不就是守本分而已。在接近聚會的尾聲，以爲不會抽到自己，在完全沒有心理準備下，竟被抽中，於是問了自己與兒子的因果。雖然，跟兒子之間沒什問題，但這孩子跟我很貼心、很親熱，都小六了，每天母子都要親親三次以上（出門、進門、睡前），抱抱兩次以上。

老師說，這孩子不會有什麼問題，而我自己因爲在過去世幫助過很多人，所以這一世也會有很多貴人相助。兒子在過去世早夭又屬於意外死亡，因此會比較沒有安全感，所以很會撒嬌尋求安全（保護）感。這一世不用擔心會遇到相同的情境，因爲，過去世被水沖走是一件意外事件。如果是自殺，才會重複前世的情境，再來「重考一次」。

說到這兒，不禁讓我想到孩子三、四歲的時候（那是貓狗都嫌的年紀），我做了一個很特別的夢，很可怕的夢。夢中，我突然失去孩子，心痛到快死掉。有一段空白時間好像快瘋了，到處找孩子。可是身邊的人都說：「孩子走了。」那種痛心至極的傷心，把我從夢中驚醒。忙著查看身旁熟睡的孩子，還在！沒事！只是夢而已。

這個夢之後，我覺得這孩子是撿到的，從此我不打孩子。孩子再皮再不聽話，我拿起棍子打牆、打椅子、打自己，就是不落在孩子身上。反而，我會爲此而打自己，或氣自己不會教孩子。平常我都是找書或問人，就是不打孩子。我很重視安全教育，我想，有些部分可能是前世心結的關係。在我家中，有關於安全教育的電腦學習光碟、VCD、套書等教材，皆很齊全。

我尤其堅持孩子要當童軍，學會野外的求生技巧。另外我還很重視和孩子相處的時間，請假也要帶孩子參加旅遊。我不會特別在乎孩子的考試成績，因爲陪著孩子玩，和孩子一起成長，兩相比較之下，成績算什麼呢。回到家，好好親親、抱抱兒子，只願「母子情緣今生續」。

＊Linda

這是一個「心結」的因果故事，過去世的母親在意外中痛失小小孩，雖然她傷心欲絕，但是並沒有怨天尤人，也沒有消極厭世，反而把思念的心轉變爲「大愛」的行動——只要有空就守在河邊當義工，提醒過河者與玩水者要小心河中的暗流漩渦。老天爺藉由母親的慈悲心來幫助小小孩跳出過去世「意外死亡」的陰影，也讓大家知道「靈魂是不滅的」。唯有珍惜人與人之間相處的情緣，有能力幫助別人就盡量幫助別人，我們將永遠有機會可以再重逢，再來續緣。

拂袖而去的徒弟

水芙蓉

問母女因果

在過去世裡，有一間廟宇，大徒弟一直是師父的得力助手，師父也覺得這徒弟得到他的眞傳，所以很認同、肯定他的能力。照常理來說，當師父要傳位時，應該會傳給這位得意的大徒弟。但是，另一位徒弟的父親卻一直是各廟宇的大布施者，甚至連這間廟宇的建築經費，絕大部分也都是來自這位施主的捐獻，因此，師父為了傳位的問題而傷透了腦筋。傳位的這一天終於到來了，當師父宣布將住持交給另一位徒弟（大施主的孩子）時，沒想到最得力的大徒弟卻當場轉身拂袖而去。

*印證與迴響

在過去世，外婆是住持，而我媽媽就是那位拂袖而去的大徒弟。一直以來，媽媽是個刻苦耐勞的傳統女人，家裡大大小小的事情都有她的份，她也從不推辭，從早忙到晚難得休息。但是，在我的記憶中，媽媽大概是在三十至四十幾歲期間，身體變得很不好，常有頭痛的毛病，但也只有在頭痛得很嚴重，難過到眞的站不住時，才會躺在床上休息。

外婆的一生也勞碌，十八歲嫁入婆家，二十一歲就守寡，共生了兩個女兒。外公則是在高雄的澄清湖看守菱角時，不愼摔入湖裡淹死的。當時，第二個女兒還在外婆的肚子裡呢！現在，外婆八十幾歲了，可想而知，在那個時代的年輕寡婦需要多麼堅強的個性才有辦法生存下去啊！那是一切以男性爲主的農業社會。外婆能夠被稍有名望的家族選中爲媳婦，如果沒有三兩三的本事，很難上梁山的。

聽說外婆力氣大、手腳又俐落，還能跟當時的男人比賽農事，並且得勝。唉！想想那有什麼好高興的呢?只是更苦命而已，所謂「能力越強，責任越大」。可別以爲外婆是個高大粗獷的女人，她的身材嬌小，聽老一輩的親戚說，外婆年輕時可是個美人胚子喔！很多人想要娶她呢！而我外公也是個殷實的少年家，只可惜這對天造地設的佳偶，幸福日子卻不長久。相對的，家裡的農事後來都是外婆一肩挑，雖然曾外祖父待她還不錯，但總是女人家啊！所以，當媽媽問到她與外婆的因果時，眞是淚都塞在喉嚨間了。

當老師問媽媽說有什麼問題時，媽媽百感交集像個小孩般地說：「她（外婆）都罵我！」這話一出，當時本來全場鴉雀無聲的情景，就忽地大家都笑了起來。知道嗎？媽媽一直認爲上輩子一定欠外婆很多，要不然爲何在她的羽翼下會成長得那麼辛苦。但是這因果故事乍聽之下，感覺和現況不太搭嘎。

媽媽很有好奇心、上進心，也很好學，什麼事都想嘗試看看。她分析事情條理分明，道德心、正義感也很強，既善良、慈悲又有小孩子的天眞，尤其很刻苦耐勞。我常數說她很愛承擔責任，而她也常認爲我們不夠上進。但她的一生可都是外婆決定的，縱使有滿腔抱負，也只能屈於傳統的觀念模式裡。

外婆可說是當時的「女強人」。她十八歲出嫁、二十一歲守寡、有兩個女兒，卻只有一個女兒（我阿姨）嫁出去。而媽媽呢？也是我們兒女眼中的「女強人」。但在媽媽的心目中，她總認爲不論她怎麼做，都無法讓外婆滿意，眞的是「做到流汗，嫌到流涎。」每件事情外婆都要耳提面命，口氣就像在教不懂事的小孩，大到婚姻大事，小到

「挑綠豆、芝麻」的小事，都是外婆決定的。其實，外婆對我們好到不知如何用言語形容，但做事的方式卻也是我們最不能適應的。總而言之，有「ㄎㄧㄤˋ ㄎㄚ」的長輩，就很容易造就「不ㄎㄧㄤˋ ㄎㄚ」的晚輩。（我是說我啦！只有我啦！）

「想想吧！前世妳們都是男的，能力相當。她（外婆）又是妳（媽媽）的師父，在身分與地位上都比妳高啊！」伶姬說。

「照當時的情形來說，師父對這位徒弟該是有愧疚吧！」在場的人問。

「是啊！是有愧疚！所以這一世是來彌補的。」伶姬答。

「有啦！有彌補了！這一世裡，外婆把『廟』傳給媽媽了。什麼廟呢？就這個家啊！媽媽不是嫁出去的，她是招贅的，也就是留著媽媽當家，所以阿姨才嫁出去的啊！」坐在一旁的妹妹想了一下，開口說道。

「妳想想看，當初妳可是拂袖離開的。但對出家人來說，名利本來就是要看破的，妳就是修得不夠好，所以要再來學習，還真的沒有幾個人能夠看破『壯志未酬』的心態。修夠了嗎？只要是再來到這世上輪迴的，絕大多數是還沒修過關的。『人身難得，人生值得』，所以嘛！既然有機會為人，就好好學習吧！」伶姬很有耐心的告訴媽媽。

「妳跟妳妹妹的感情好不好？」伶姬對著媽媽問道。

「很好啊！姐妹感情一直很好啊！」我和媽媽一起搶著答。

「阿姨連對我們這些做姪女的都很照顧呢！」妹妹也加進來了。

「眞的嗎？」老師又問了。

在得到我們肯定的答覆後，伶姬一本正經的說：

「那一位新住持，也就是妳那位師弟，就是現在這一世的妹妹！」

「天啊！」楞在那邊了！

「難怪我媽媽比較疼她！」媽媽唏噓地說著。

「妳的能力與她相當，根本不用在意。該擔心、煩惱的是妳的這些兒女才是！」

「是啊！我們眞的才擔心呢！上面有兩個女強人！」是啊！我們當女兒的才該煩惱啊！

＊後記

對於「每件事都要耳提面命，口氣又像在對不懂事的小孩一樣」的情形，老實說，我覺得外婆對每一個人都如此。關於外婆比較疼阿姨這件事，這是媽媽從我們小時候就覺得是這樣了。可是當我們長大以後與媽媽閒聊時，媽媽才發現並非如此，純粹是因爲外婆與阿姨沒有住在一起，所以生活上的摩擦自然就少了許多。

我們都很感恩外婆，當然媽媽也很愛外婆和阿姨，那是一種從小相依爲命的感覺。「愛之深，責之切」的表達方式，好像是我們東方人很傳統、很強烈、很理所當然的一種「愛的表現」吧。

我把「拂袖而去的弟子」印給媽媽看，她也把建議看進心裡了。陪著外婆一生，而且隨侍在她老人家身邊的人，當然非媽媽莫屬了。看到媽媽逐漸放下心結……，那是一種欣慰、一種感恩。

那夜的一把火

瑾

問兄妹因果

某一世，有個約莫十三、四歲的小女孩，和她十七、八歲的哥哥兩人一起留在家裡看家，原來，父母親爲了幫哥哥採買婚禮的聘禮而出了遠門。父母臨出門時還特地回頭叮嚀兄妹倆要好好看家。那天晚上，風勢特別的大，妹妹早早就有了睡意，於是叮嚀哥哥睡前要記得將燭火吹熄，以免失火。妹妹說罷便回房睡覺。不多久，哥哥也有了睏意，但卻忘了妹妹的吩咐，轉身也回房睡覺。

夜深人靜的時候，失火了。妹妹被濃煙嗆醒，急急忙忙衝出門外，哥哥稍後也尾隨奪門而出。這把火將所有的家當全燒光了。事後，妹妹對哥哥非常生氣，完全不能諒解哥哥。原來，妹妹有一個收藏心愛寶貝的盒子，也在這場大火中被燒毀了，而盒子裡頭裝著父母送給她當做嫁妝的貴重飾品。

＊印證與迴響

要寫這個因果故事的印證，其實是很難起頭的，因爲要承認自己的心量不夠大，的確非常難。事隔也有一兩個月了，我也沉澱了一些心得。我知道唯有將它寫下來，學習面對這故事公開的後果，以及接受這習題，我才能夠眞正的處理它，也才有機會跳過這層層自設的關卡。

老師調完資料後，低頭沉吟，眼神望向某處，稍後語調低弱的說：「那一世，妳還是妹妹，哥哥還是哥哥……。但是，那不能算是哥哥的錯。」然後老師才用眼睛看向我的眼睛，跟我說：「這會影響到妳對婚姻的態度，妳會很不容易踏入婚姻，這也可以說明爲什麼妳的人格特質會過度謹愼的原因。」

聽故事當時，我還莫名的似乎勾起往事、勾起了舊恨……，那種千頭萬緒的感受。事後，我花了許多天咀嚼這個因果故事，漸漸地，我可以體會到爲何老天爺不對我說明白的原因……。

今世和那一世雖然發生的背景不一樣，但結果是雷同的。雖沒逢祝融之災，但我卻經驗到兄長從高中畢業、退伍後，就長期無法安心工作。他人格的轉變時間點和因果故事發生時的年齡非常接近。而我約在十三歲時，也經歷了一件讓我認爲哥哥是無法讓自己倚靠的特別感受。我的父母依然像故事中的父母一樣，尤其是我的父親，每逢全家要出門，他非得要留一個家中成員看家才能安心出門。

如今我的雙親年事已高，健康每下愈況，更令我對這個故事感受特別深……。環顧現況，每一位出嫁的姐姐及其姐夫，旁觀了父母和哥哥之間的互動，我們也只能提醒父母，不要再繼續寵溺他，否則只是在阻礙哥哥的成長。而我自己呢？我明白，我一定要放下過去「自以爲是的恩怨」。

雖然偶爾會憶起，竟讓自己陷入過去世相類似的困境而不自覺，讓我對自己的心量不夠大而哭笑不得……。想來想去，結論是——他人如何，非我所能改變，若爲此而生氣，也只是傷了自己，得不償失的。

我記得古聖有言：「要將財寶積蓄天上、莫將財寶積蓄地上。」這句話，讓我了解到不能原諒自己的哥哥，就足以證明自己的心胸不夠寬大，也說明自己過於重視地上的財寶。當然，它也提醒我自己，無論如何要修正這樣的個性。

多年來，面對哥哥的消極、頹靡，我和家人們跪也跪過、求也求過、罵也罵過、吵也吵過、威脅也威脅過，也冷言冷語、好言好語過，大家都希望哥哥能振作起來，像個正常人，早日覓份工作，娶個好媳婦留後，不要讓父母擔心。我爸媽擔心到身體都變差了，但說實在的，這一切的期望，更顯出一切的不如意。除了讓我盡早面對「凡事沒有十全十美」外，還眞不知道父母何時才能放下，哥哥何時才能醒悟。

時至今日，父母老了，可以等待哥哥振作的光陰恐已不多。當面對父母健康狀況不如從前，外加他們ＥＱ不佳，夫妻倆三天一小吵，我不知道還能爲他們做些什麼。除了勸他們對哥哥放手，也只能求自己不讓父母擔心，多和父母撒嬌逗他們開心，學老萊子的「彩衣娛親」。

故事的結尾，我並沒有問老師我是否嫁得出去，但九十四年的春天，我送了家中最小的姐姐出嫁，期間我旁觀姐姐的出嫁過程……，讓我對自己的家庭有了更清楚的認識。我知道，自己的結婚方式必須力求簡單，並且有可能不會像姐姐們一樣，不但有娘家可回，孩子還有阿嬤幫忙帶的情形……。雖然，這剛好符合我想自己教養孩子的決定，但又有誰知道未來會是如何呢?或許我婚後還得工作呢。

那夜的一把火，似乎將我的前半生給大致定了調。一個心結，也是一個心量不夠寬大、無法原諒別人的例子。雖然，悲慘的因果比比皆是，但眞的是如人飲水，冷暖自知呀。如果那世的妹妹心胸能夠寬大一點，我想，此生也就不必再如此費事來和哥哥一起修習這個學分。

＊Linda

伶姬說：「一個人的人格特質往往會影響到婚姻與事業。」就因果的角度而言，妳與哥哥的因果，影響到妳的人格特質；而妳的人格特質卻又影響到妳的婚姻。這一連串的「心結」，妳需要慢慢思考，慢慢解開，因爲「解鈴還須繫鈴人」。當我們能夠坦然面對自己的優點、缺點，我們的決定與方向才會更周全。不管過去世或今世，雖然已發生的種種是多麼的離譜，但我們都還是有機會去修正它。記得嗎?改變個性，才能改變命運。

＊網友Alan回應

就妳的因果故事來看，妳哥哥應該會滿討厭妳的，大概妳拜託他任何事，他都不想甩妳。那一夜的大火燒掉了全家，這是很嚴重的財產損失。妳哥哥在那一世大概從那之後就沒好日子過了，很可能全家人都在「怪」是哥哥的錯。做錯事自責的壓力已經很大了，如果再有外力指責，那眞的是……，唉！唉！

而在全家人中，他一定尤其最討厭妳，因爲妳在那一世應該是把責任推得乾乾淨淨——「是哥哥比較晚睡，沒把燭火處理好才釀出這個火災。」可是，明明就是你們兩個一起留守，錯卻只由他一個人承擔，妳哥哥心裡的不平可能就在這裡。我不知道妳哥哥這一世的情況怎麼樣，不過聽起來感覺他好像是那種任何事都「事不關己」的個性，如果從這個火災事件去理解，這是可能的。

他那種心態可能是——「不答應任何事情，就不必負任何責任了！」這樣子的心態可能會特別針對妳，因爲妳這個妹妹不但把失火的責任全推給他一個人去承擔，還怨懟自己的嫁妝也損失了。那時候妳也只是個十三、四歲的小女孩，不能怪妳會這麼想，可是十七、八歲的哥哥也不是多大，他的年齡還不能負擔這種嚴重財產損失。

過去世他可能被這種「做錯事」的自責及外來的指責壓抑得很厲害，看來他心結很重，這輩子大概只要是「妳」說的關於負責的事，他大概都會抵死不從吧！你們兩個心結都很重耶！難怪會再一起來。妳因爲交代別人（哥哥）做事，結果出了大紕漏（火災），然後妳就不信任別人了。妳一直堅持自己是對的——因爲妳有「先」交代了。妳哥哥也很生氣——錯都錯了，既然損失都已經發生了，爲何沒有人能夠體諒他也很自責、很難過呢？

因爲大火燒毀全家造成嚴重的財產損失，那一世妳可能就沒有很優厚的嫁妝陪嫁了。我不知道妳那一世是因爲這樣就沒有姻緣，或是姻緣不好，因而回過頭來怨怪是沒有豐富嫁妝的緣故，所以對哥哥就更加不滿。在這場大火之前，妳的父母就是爲了幫哥哥採買婚禮的聘禮而外出，哥哥的婚禮可能還是可以辦得不錯，所以妳也有可能爲此而覺得父母偏心。

目前妳和哥哥的關係似乎還維持在前世慣性的模式裡，也就是——「我是對的，哥哥是錯的，我覺得他都不負責任。」除非打破慣性，否則大概很難有突破性的改變。「不要阻礙別人的成長」，這句話很好，眞的很好，但是，不是光靠一張嘴說說就會有用的。

＊瑾

聽你的剖析，我才發覺也許我老哥不那麼討厭我耶。有時候我拜託或吩咐他的事情（多半是爲了家裡的事），雖然他會碎碎念，但到底還是幫了。平日什麼換燈泡呀、倒垃圾呀、買東西呀……等等，只要不是無法預測或是跟警覺性有關的事（他時而反應較鬆散），他都還是會幫忙。（我已經在猜想他某輩子是不是老太爺了。）

＊網友Alan回應

其實妳哥哥沒有那麼討厭妳是因爲妳——「有修」。我看過妳以前的文章，妳說，妳看過很多有關修身養性方面的書籍，也有很深的感觸，我可以從妳的字裡行間感受到妳眞心想修正自己的行爲。因爲妳已經「有心」想修正自己的缺點，這就是關鍵。現在的妳已經不再是過去世的那個妳了。「伸手不打笑臉人」，即使妳哥哥還是在生氣，可是他已找不到過去世的那個妳可以讓他生氣了。雖然他會碎碎念，可是還是會做他應該做的事，再說，妳所交代的也都是一些簡單的家事嘛！這些本來就是家人應該幫忙的事。

可是他還是在生氣，因爲過去世「心結」的影子還在，所以妳會說：「只要不是無法預測或是跟警覺性有關的事，他都還是會幫忙。」一個家，只要有一個人願意眞心改過自己心性上的缺點，那麼，這個家即使不能提升，但也絕對不會沉淪下去。既然妳先知道你們的心結所在，如何幫助哥哥走出心結，這就考驗妳的智慧了。一把無常火燒掉無常的人間財富，「要將財寶積蓄天上、莫將財寶積蓄地上」，看來妳必須把妳這個覺悟告訴哥哥，讓他或多或少了解一些才行。因爲他的心結牽扯到妳，他過不了關，恐怕妳還得再來陪他走一趟。

＊瑾

看到「他的心結牽扯到妳」這句話，我眞的流淚了……。打從我懂事以來，「對不起！」這三個字，我能運用自如，但碰到我哥哥，就……。從老師說因果故事之後，一直到我上網貼文章的那天起，我才深深懺悔自己的過錯……。可是，除了「對不起」要說出口之外，我自知還需要更多的智慧，想出更多的方法來處理這個心結。而打破「慣性的互動模式」是我腦海中先想到的一句話，接下來，我還得多費些心思呢。

老萊子

郭耀隆

問夫妻因果

老師簡簡單單回答三個字：「老萊子。」故事大概是這樣的，那一世男的還是男的，女的還是女的，那時候的關係是男女朋友，然而女孩子發生了意外，造成智能停止發展，那一世一直到死都如此，而男子就一直陪在身邊照顧她。老師看到男子為了喚起女友的記憶，扮成「老萊子」的模樣，就這樣一直到死，男的都沒有結婚。女孩子在死後看了黑盒子，很感動男子的照顧，（老師補充說：「男的沒義務照顧她，因為雙方沒有婚約。」）因此要求老天爺給我們這一世的姻緣。

＊印證與迴響

當初會找伶姬老師問事，是因爲我與內人於民國九十二年十二月三十一日結婚時，鬧得滿城風雨，雙方各路人馬盡出，於是在出國度蜜月之前，我問了與內人的關係，老師看著我述說這個故事時，我不敢相信。

「這是善緣，跟今天在場的比起來，有什麼好問的？」老師說。

「對呀！對呀！」一時間全場起鬨來了。

「可是我們的想法差很多，他好像老頭子喔！」內人說。

「當然，妳那一世因意外造成智能停止發展，跟他比起來當然就像小孩子一樣！」

我不敢相信這樣的故事，這不是只有在「新不了情」、「我的野蠻女友」、瓊瑤愛情小說、浪漫偶像劇或MTV中才存在嗎？現實生活中怎麼有？但我的眼眶已不自覺地濕了（還好當時沒有流下淚來）。

「不要太癡情！」在老師眼光轉向下一位朋友的同時，她又轉回來很認眞的看著我說。

從因果故事與這一世現實生活上來看，是不是也有相同的巧合之處呢？我想歸納出幾點來讓大家參考：

1.對內人的情愛執著（癡情）

我不顧家裡的反對堅持要結婚，即使有諸多阻力依然如期完婚；再參照故事中的男子，雖與女子沒有婚約，仍然在她發生意外後，一直照顧她到終了，也沒有再娶。可見男子對女子的情愛相當執著，這兩世表現出來的態度，基本上沒變。

2.男子與女子彼此的情愫因就醫及關心而喚起（潛意識）

我們的第一次約會是看醫生，也由醫師口中得知內人身體狀況不好，需要長期調養身體，而且要吃的藥有好幾種，於是男子餐餐加睡前叮嚀女子吃藥，也因此感情愈來愈好，猜想這樣應該也會喚起照顧者與被照顧者深埋的前世情愫，更加速情愛的成長。

3.偶爾行爲幼稚（老萊子）

有時候，我的脫線行爲被內人笑稱「智障」，或板著臉叫我「正經一點」，其實不知爲何我很喜歡逗內人笑，所以針對她我有時還滿搞笑的，由此點看來，頗與現世的狀況相符。

4.彼此思想與價值觀念差距甚大（老人與女子）

以故事來看，女子因意外事故造成智能停止發展，與正常長大的男子有著顯著的差異是必然；其實想想，每個人的想法與價值觀多少都會有所不同，畢竟成長過程中所接觸的人、事、時、地、物各有差異，如果再加上累世的輪迴……。

說實話，能與內人結婚眞的很奇妙，老天爺的安排用意應該不只是圓我的夢才對，我猜想也是考驗我是否「婚前的愛」與「婚後的愛」同樣一致，因爲婚後的實際生活才是「愛情」的眞正考驗（例如生活作息、婆媳問題、子女教養理念差異、「柴、米、油、鹽、醬、醋、茶」等等瑣事），看看我們能不能在人生旅途上相互關心、支持、鼓勵與信賴。

雖然這一世是「善緣」，但是不是就會幸福美滿呢？那可不一定！先說結婚好了，婚前我在家是標準的乖寶寶，然而爲了與內人結婚，我以有生以來最強勢的態度和決心，幾乎主導全局。從決定結婚開始，期間購買金飾、服飾、提親訂婚、喜餅婚紗、結婚迎娶，一直到宴客歸寧完畢，全程只有不到二個月的時間。而且挑的結婚日期在農民曆上，斗大的幾個字是「忌嫁娶」（雙方母親因此皆非常不滿意）。

我要結婚的決定不僅忤逆了母親要我三十二歲以後才能結婚的鐵律（因爲她認識的某紫微斗數老師說那樣對我最好）；也在母親的不贊同下，我爲了不再過度依賴家裡以及避免婆媳與小孩日後相處、養育的種種問題，我毅然在外購屋並於結婚當日正式遷出老家，搬入新家（也就是說，我們的結婚喜帖上印著「結婚暨新居落成」幾個金字）。

籌備婚禮期間各種衝突不斷，也被母親熟識的某法力高強的宮壇師父預言若今年結婚一定會離婚！當場聽完我馬上變臉！我激動地說：「你們既然這麼厲害，那就幫我們作法破解不就好了！」講完沒多久，我也不想聽他們多講什麼了，頭也不回就離開現場，留下一臉錯愕的母親與淚流滿面的內人……。後來還是順利的完成結婚的儀式。

結婚都搞成這樣了，那婚後呢？婚後母親對內人很好是事實，事後也拿了一筆不小的存款助我們年輕人減輕房貸的壓力，但我與母親之間陷入「溝通黑暗期」是不爭的事實（在這裡感謝母親也只有針對我個人而已，謝謝您的雅量）。後來我聽了勸，低頭向母親一再地、持續地表達善意與孝意。（其實想想，這是為人子女本來就應該要做的，不是嗎？）

期間母親仍然積極地用各種理由要我回去接受該師父的教化，而經過多次的迂迴交手，他們也終於知道一件事實：那就是我尊重母親與他們的宗教信仰，但也僅止於此，也就是說屬於基本的晚輩禮貌我會願意配合之外，其他的什麼動輒上萬元的法會或到各

「抱歉了！」地進香參拜等等活動，只能說：

現在回想結婚當初的坎坷與荊棘，還是不敢相信我們眞的結成了婚，所以我常常向太太說：「謝謝妳嫁給我！」再說到我與內人之間的相處，我很喜歡逗她笑，而且有時候我的行爲舉止像小孩子，譬如說有幾次她下班比我晚回到家，我會不自覺像小孩子一般，又跑又跳過去要她抱抱，說眞的我也搞不淸楚爲何我一個大男人會這樣。另外我們在思想觀念上確實有很大的差異，我很明顯是古板多了，就像她說的我像老頭子；此外我們彼此的興趣也南轅北轍，她喜歡上傳統市場與逛百貨公司、夜市或大賣場，而我卻喜歡一個人獨處，不喜歡人多的地方；我們的人生目標也存有差異，她只求一家人平平安安就好，我卻是有自己的理念想要實現，而且非常固執，類此種種一再衝擊我們的婚姻，好幾次都跌到了谷底……。

民國九十三年十二月十九日凌晨小女於柏仁婦產科醫院出生了，參與全程的我感觸很深，我也開始自我轉化對母親與內人的態度，隨著小女的成長，漸漸的融化了我與母親之間的冰冷關係，夫妻之間也因小女的到來而更同心一體，甫從國外返國未滿週年的父親也因小女的靈巧活潑而開懷滿面（各位看倌不用懷疑，媳婦第一次見到公公時，也是公公第一次見到孫女時），連岳父岳母也疼愛有加，每週假日的孫女返家行程是他們四老最開心的時間。

＊Linda

究竟老天爺要你們學習什麼課題？只是爲了讓你們「圓緣」嗎？

過去世你們失去成爲伴侶的機會，所以這世讓你們「再來一次」。不過「生老病死」與「生離死別」都是人生常見的戲碼，如果再遇到相同的狀況，你會如何？你還會要求再來考一次嗎？「夫妻」的情緣是屬於兩人世界的「小愛」，在婚姻以外的世界還有很多愛我們的人，也有很多需要我們愛的人。你說得很對，我們眞的可以把範圍擴大一些，把「小愛」化成「大愛」，讓愛的種子一直一直傳下去。你覺得呢？

＊後記

愛的出口請向外，讓愛走出去。

我想你我都需要別人的關心，不是嗎？其實每個人都很自然的會注意跟自己有關的人、事、物，說白了，就是關心自己，關心自己的財富、關心自己的工作、關心自己的名聲、自己的長相、自己的身材、自己的人緣……都是「自己」。我覺得我們似乎都忘記了最根本的事，那就是關心自己的「態度、言行與健康」。

愛情、親情及友情是每個人關心別人的開始，此時愛的出口由向內轉成向外。剛開始無條件付出的情感最樸實，我想，那是因爲「只希望他好」這麼單純的緣故吧！我覺得那是一件好美、好美的事……。

我與內人的再相逢，我猜，老天爺可能要提醒我「愛」的出口不要關起來，不只要向內（自己）、向外（內人），還要走出去。既然都已學會關心親近的人了，那麼就應該更懂事，學著打開心房，在能力所及的範圍內試著關懷他人、關懷社會與珍惜地球。我想，不只是「人」，其實有好多好多的事物都需要你我付出關心。

你問我，要是同樣的事情再發生，我會如何？我想，我會以已故美國影星克里斯多福・李維（Christopher Reeve）及其妻兒爲榜樣。曾飾演超人的李維，因摔馬而導致頸部以下全身癱瘓，可是他卻慶幸自己還活著，而且腦部沒有受傷，於是他發揮僅存的能力，投入教育大衆關於脊傷的預防與常識，並募款投入脊傷的醫藥研發，用來幫助更多的脊傷患者。同樣的，其妻兒無悔的照顧與無私的支持，同樣令人感佩。這讓我想起聖經雅各書中的一句話：「沒有行動的信仰是死的！」我想沒有行動的「愛」也是死的！

雖然現時的社會環境是一個大染缸，很多事失去了方向，但可別小看每一個「個人」的影響力，一個人的力量可大可小、可正可負，更何況志同道合的朋友再結合起來，有錢出錢、有力出力，效果可是不得了！

我相信，每個人都需要別人的關心；我相信，每個人都能對別人付出關心。所以，不分你我，不作無謂的區分，這樣就能拉近人與人之間的距離，才能相互扶持、鼓勵與關懷，我相信這世界一定會更好！

很高興能與各位朋友分享我內心深處對「老天爺」的一段話：

感謝老天爺容許並給予我們每一生命最美好的一生，雖然大多數的人並不了解您的用心，也沒有體會到您的慈愛，不知道您都是依循著慈悲、正義與智慧的因果而行，不論是讓我們學習、服務、考試、報恩、還債、圓緣……，都是要讓我們的靈性昇華，使我們接近眞、接近善、接近美，最後達到眞愛的永恆快樂。

老天爺！謝謝您！

欠債還債

未完成責任的老師

Cindy

問和先生的因果

過去的某一世，我是一個私立大學的教授，一個沒結婚、古板又保守的老處女。先生在那一世是我班上的學生，他家裡有錢又是獨子，所以常常花錢請同學。他非常沒有自主能力，常常被人牽著鼻子走。那一世的父親對兒子要求很高，但是兒子與他的個性完全相反，所以他父親特意選擇我作爲他的老師，希望我能好好教導他的兒子。雖然老師用盡各種方法，學生還是一樣愛玩、沒主見，還是常常被同學們牽著鼻子走。

當時他的爸爸也是這所私立學校的大金主，看到兒子沒什麼改變，於是向校長表明，期待老師再多花點精力把他的兒子教育好。老師承受極大的壓力，也猜測學生的父親對自己的表現可能有所不滿，雖然這時老師與學校訂定的聘任契約尚未約滿到期，但是她自覺無法勝任，於是，在未與學校當局商量溝通的狀況下，決定放棄一切，選擇辭職。這時是在學期中，學校無法另外增聘其他老師代課，即使校長說明中途辭職要扣薪等等賠償，老師也不爲所動，堅持辭職。最後，該班的課業只好委由隔壁班的老師代管。

伶姬問：「這位女老師有沒有『欠』？」

座談會時，大家七嘴八舌的回答著：「有！」

伶姬說：「對！她欠一整班的同學。因爲當老師的她半途而廢，耽誤了學生的權益，也影響了私立學校的運作。在學期中間不好找代課老師，所以針對老師提前辭職這件事是錯的，因此這一世要請妳再來學習。但是眞的會很累，因爲這一世的丈夫不像丈夫而像個兒子。如果已經有小孩，那麼你們的婚姻會離不成，因爲孩子是一個關鍵，先生會利用孩子來綁住妳。」

老師接著對坐在我身邊的先生警告說：「你要小心！如果我是你太太的話，我會把你休掉。因爲上一世教授沒有婚姻，所以不懂得夫妻相處之道。太太看先生的角度就是老師看學生，而先生看太太就是學生看老師，如果大家相處的不好，該走的人是老師，而不是到學校求學的學生！她如果眞的走了，你也完蛋了！」

我問老師：「我並沒有欠先生什麼，爲什麼要我們做夫妻？」

老師說：「欠得可多啦！重點是妳欠了全班三十多人啊！由於老師兼導師，卻突然辭職，讓學校臨時找不到老師，只好請隔壁班老師代課，所以欠了很多人。這一世他們也變成夫家的人，所以妳欠了他們全家，因爲欠了這麼多，所以妳會很累，雖然欠的程度不深，但是欠債的對象太多了。如果在過去世，這個大金主因爲老師的提前離職，損害了他兒子的受教權益，於是不再捐錢給學校，那又該怎麼辦呢！那位女老師是學生家長自己『挑』的，所以才會透過人事關係把自己的兒子特別安排在她的班級，從這一點看來，我們可以了解到，家長一定很『看中』、很『欣賞』這位老師的能力。這一世的公公就是過去世的那位學生家長，他會是妳這一世的後盾，因此想要管先生一定要透過公公。」

*印證與迴響

聽完老師的解說，眞的嚇到我了，因爲這一世根本就是完全一樣的情況！

我讀高中時就與先生認識，高中畢業後，他去當兵，他爸爸就叫我去他公司上班，一直上到現在。公公說過，是他替兒子先把我留在公司，以免兵變。就連結婚後，公公也曾跟我說，有任何事一定要告訴他，他會幫忙我。

我先生是從結婚的那天起，就越玩越誇張。新竹縣市的大大小小酒店都被他跑遍了，常常簽帳請客，酒醉回家後還又吵又鬧。當時也未見公公婆婆說過什麼重話，只說結了婚就該給妻子管。以前我也曾抱怨過，說這婚姻眞的好累好累，因爲我還有一個大兒子、兩個小女兒，眞的搞到我快瘋掉了。

當時，我眞的跟我姐姐說過：「我的壓力好大，很想離婚，甚至不要一毛錢，只求讓我把女兒帶走。」夫妻吵到要離婚時，先生也曾說過：「這是我家！不喜歡的話，就趕快滾回妳家，不要管我這麼多！小孩子及其他任何東西妳也別想帶走！」先生說孩子絕對不會給我，而我卻離不開孩子，所以被迫放棄「離婚」這個想法。雖然我覺得，結婚應該是當妻子而不是要當保母，可是後來爲了女兒，我還是忍下來了。（唉！老師，我沒有妳的智慧啊！無法處理這難題！）

老師也說中了，夫妻相處上，我眞的很木頭……，雖然知道當妻子的要甜言蜜語，但是我就是做不到，而我也眞的不太熱中夫妻房間裡的事。還記得大約四年前，先生到大陸公司一年多，雖然自己要帶二個小孩，沒有人幫忙，但是不用應付房間裡的事，我當時就覺得好快樂，還覺得眞是輕鬆啊。

其實問事前，我自己也曾假想過，也許我上一世做了許多罪大惡極的事，所以這世才要來忍受這些。我眞的很痛苦的熬過了八年，由於我的個性不易與人親近，所以也沒有任何的知己好友可以訴苦。而我也沒有向公婆求救，因爲我一直耳聞他們跟別人抱怨說我都不會管先生，竟然讓先生如此放蕩。

這八年如果沒有兩個可愛的女兒，我一定熬不下去……。一直到去年八月份時，我狠下心來做了一件事，也和先生冷戰了一個月，這三、四個月來，他已經比以前好太多了，我也漸漸有一種卸下重擔的感覺，雖然他偶爾還是會有出去喝酒喝到天亮的情形，但是次數比以前少了……。

從聽完我們之間的因果故事開始，我內心就感到有種「不公平」的感覺：「爲什麼我要一個人承擔這麼多，而先生卻很輕鬆的度過這八年，就只做他的闊少爺？爲什麼他上一世是有錢人家的獨子，分明不學好，爲什麼到了這一世卻還可以再做有錢人家的獨子，日子也過得不錯呢？」

直到現在，我總算明白我這一世就是要來「學習」的，「學習不可以放棄、學習屬於自己的責任一樣也不能推託。」過去，我曾興起好幾次離婚或是離開人世的念頭，雖然最後都是因爲女兒而放棄，我想，從今以後，我不會再有這些想法，我會好好做我該做的事了。眞的很謝謝老師！眞的謝謝！

＊Linda

我覺得在這個因果故事中，妳是一位好老師，但是妳未能堅持下去，完成自己應負的責任，這眞的很可惜。因此老天爺賦予你重任——「再給妳一次機會！」

老天爺已經幫妳備好「支援的人馬」——妳的公公，妳應該學習的是「當我們有所不能時，應該尋求外來的支援——喊救命！不該默默承受，輕言放棄。」如果過去世，當妳遇到挫折時，妳尋求校長與學生父親的諒解與協助，我想故事結果會不一樣。過去世的習性會隨著轉世而帶來，這一世妳也有相同的狀況，妳耳聞公婆對妳不滿，但是未證實也未求援，所以妳要學習的是「溝通、協調，堅持做好自己份內的事」。

妳先生在過去世不學好，不負責任，這一世也有同樣的情形，他目前似乎佔盡各種便宜。過去世的女老師欠很多人，但是欠得都不多，所以當妳還債完了，先生若還是不修正自己的行爲，過去世妳可以放棄一切走人，這一世同樣的，妳在忍無可忍下也會走人，所以伶姬才會說，妳會把妳先生「休了」。

＊伶姬

如果，妳這麼做的話（離婚、自殺），那麼那種碰到困境的習性和過去世有何不同呢？如果，妳這麼做的話，那麼，妳下一世的人格特質會是什麼呢？

加油！妳會是個好老師的！

過去世，妳放棄了學生，看起來沒什麼大不了。這一世學生變成了先生，能夠放棄嗎？當然可以！反正先生已是個大人了，要好？要壞？他總是得自己負責。可是當妳放棄先生的同時，不管是自殺還是離婚，妳就是遺棄了小孩！

自殺，就不用多作解釋了。如果離婚，也許兩個女兒都可以跟著妳走，可是妳確定女兒命中注定是「缺少親爸爸」嗎？也許女兒都無法跟妳走，請問，妳是否遺棄了她們呢？可曾想過，這一世小孩沒有爸爸，這一世妳遺棄小孩的「因」，到了未來世，會有什麼樣的「果」呢？

同樣的這些話，希望能夠點醒那些孩子還小卻想要離婚的父母們！

＊後記

自從問事回來後，他會主動打掃家裡，他以前是一個翹腳看電視的大少爺喔!!他會拒絕出去喝酒的邀約，這在以前根本是天方夜譚！後來大約過了一個月，他忘記老師的警告，又開始喝酒，結果他就大病了一場。醫生說是酒精中毒引起的躁鬱症，但我覺得是老天爺在處罰他，吃藥控制後，對於情緒控制有比較好。

但現在更神奇，以前每天睡到自然醒的人，現在每天早上四點就起來打掃、洗衣服然後去運動，當然也不再去喝酒了，晚上去應酬還會自己主動說要回家，我真的認爲這是神蹟，我認爲他生病這段時間，老天爺也幫他換了一個腦袋，知道嗎？我等先生悔改，已經等了八年又九個月了，但是我等到了，我很慶幸撐過來了，因爲一個完整的家庭對小孩是很重要的。

被誤殺的孕婦

Yoyo

問夫妻因果

有一位密探（孩子今世的親生父親）深夜出沒在街上，手裡還拿著一把刀，因爲他收到線報，今晚會有敵方的人出現。這時有一位孕婦（今世的我），因爲家中清苦，先生又臥病在床無法上班，於是孕婦選擇在夜間外出工作。爲了保護自身及腹中胎兒的安全，孕婦只好女扮男裝。這一晚，她因爲肚子痛所以提早下班。密探見一人影，誤以爲女扮男裝的孕婦即是敵方的人，於是拔出刀子，從孕婦的肚子右側將她刺死。後來密探發現自己誤殺了孕婦之後，懊惱不已，立即前往衙門自首，由於他是公務在身，所以被判關了十年。

＊印證與迴響

要參加讀書會之前，我是懷著既期待又怕受傷害的心情前往的。期待的是，希望伶姬老師可以告訴我，我前世有沒有欠孩子的爸？我想要在這一世將它還清，不要再積欠到下輩子了；怕受傷害的心，則是擔心我的孩子以後會被他搶走。

老師說完了故事，問現場的網友們，這樣子的因果故事代表什麼？有人說：「欠命。」當下我想：「欠命？是什麼？」我問了一下身邊的一位小姐，她告訴我，欠命是要還命、還情、還錢。我自己告訴自己：「我不要他還我任何東西，因爲我不想他來打擾我們平靜的生活。」後來老師問我結婚沒？我回答說：「沒有。」老師便告訴我，未來我還有一個婚姻，就是那個在過去世裡，生了病被我照顧著的先生。在這一世裡，他可能是個獨子，也許沒有生育能力，會很愛我的孩子。聽了這個結果，我很高興。

可是，「欠命」該如何處理？第一次參加，我不知如何再向老師請教問題。伶姬老師說：「你們會分開就是彼此還清了。」我這才落下心中的大石頭。

現實生活中，我是一位未婚媽媽，一手將孩子帶大，很辛苦，可是我不敢喊，因爲這是我當初的選擇。我不恨孩子的爸，因爲我曾經深愛過他，所以我不恨。我感謝他讓我成長，也感謝他曾經深愛過我，賜給我一個聰明健康的孩子，因爲孩子讓我學習到如何爲人母、如何給孩子一個融洽的家庭（和我的原生家庭比較）。直到現在，我仍然深愛孩子的爸，因爲我感謝他，但是理智告訴我，我並不能和他生活在一起，所以我祝福他美滿、幸福。

很感謝伶姬開啓我前世的黑盒子，讓我知道並不是我欠孩子的父親，這樣就夠了。對老師的感謝眞的不在話下，因爲她善用通靈能力讓大家解開心結，正確化解前世因果。我不知道曾經參加過的朋友感受如何，但是我的感受很深，尤其是老師說到，「密探拔出刀子，從孕婦的肚子右側將她刺死」時，我眞的忍不住落淚了，因爲我想起那段痛苦的回憶。在這一世裡，我就曾經遭受到孩子的父親對我暴力相向，他將我拖到廚房，拿出菜刀在我右肚威脅的情形……，與過去世居然一模一樣。只是，那都過去了，我有了孩子，現在我要往前走。

這是我的因果故事，我不知道以後再遇到他時，會不會又遭受暴力相向的困境？很開心聽到老師說不會。那我應不應該去化解這一世的糾葛呢？我可以用不見面的方式告訴他嗎？我並不恨他！我原諒他！我希望他前世的自責能夠卸下。

＊網友泳心回應

妳的故事讓泳心了解到，人與人之間會相遇的因，眞的百百種。爲了還妳一個他誤殺的孩子，此生，他才以此種形式和妳相戀，並使妳懷孕生子。而過去世，他因誠實的自首，才使你們無法律婚約。老天爺實在太精明、太慈悲了。

也許，這段深刻的感情曾讓妳傷心。但聽到妳願意放下並結束這段情，泳心卻感覺你們的姻緣走到如此，好似早已注定，不禁讓泳心更是讚嘆老天爺安排的奧妙，因爲，人的個性眞的很難改變，難怪人的命運會被安排的好好的。

感謝老天爺給我們機會和挑戰，讓我們只要有心，只要改變自己不好的個性，就會有另一種命運呈現我們面前。當個性不改變的條件成立，人就走百分之六十的命運，這時候百分之六十就變成了百分之一百。但當個性有心改變，也眞改變後，條件一成立，人就走百分之四十的命運，這時候的百分之四十影響力，也將從那改變的關鍵個性顯現。

妳的寶寶很可愛，從座談會開始時，泳心見到妳家長輩將孩子推車推離座談會的會場，讓泳心當時領會到有這樣蕙質蘭心的長輩影響，無怪乎妳也如此溫柔體貼。眞是謝謝妳讓泳心上了一課。

＊伶姬

座談會結束之後，我曾跟妳說過：「因爲妳的女扮男裝，害得一個很好的密探因此而被關十年。所以，當妳懷孕時，他的情緒就會莫名的緊張，想想，妳也有欠他吧！」

＊Yoyo

我希望我這輩子可以盡力去補償，因爲我的誤導而致使他自責。

＊伶姬

畢竟，他還是孩子的爸爸，也未婚，如果他也知道這個因果故事，也許對他會很有幫助的。在過去世，因爲他一時的失誤而把前途丟了，而這個失誤又是因爲妳的「女扮男裝」。

另外要提的是，如果妳碰到過去世的先生，想想看他的身體會好嗎？身體是一回事，但他一定很沒有安全感，一定很擔心妳和兒子出門，搞不好不准你們晚上出門……。

＊Yoyo

我前男友眞的很好（誠實、有責任感、愛我）。可是我會怕，我怕那種惶恐的日子。因爲我曾愛過，所以我選擇放下、不記恨。至於回頭跟他在一起，我打從心底怕死了。我曾在街上被他拖著打，即便是向路人求救，卻也沒有人要來救我。我眞的怕！不過，眞的很謝謝老師願意引導我們。我只想和他毫無瓜葛。

＊網友音樂貓回應

我不認爲當事者有欠他，他也不能完全算是欠她和孩子（但他確實意外地殺了她和孩子），他們再次相遇，我認爲是彼此有心結。

女生在死後看黑盒子，對他會有恨意（因爲她死了，孩子也死了，前世的家人沒了依靠），而男方，因爲誤殺了人，而且是一屍兩命，他內心很難過，所以才會去自首，或許男方也會埋怨女方（幹嘛女扮男裝？害我錯殺，工作沒了還被關）。錯殺！這件事是個意外，我認爲老天爺安排他們今生在一起，主要是爲了學習放下對彼此的怨恨及不諒解，而不是欠債的問題。

女生在晚上外出，本來就容易有危險，所以做保護措施（女扮男裝）是非常合理的，更何況她在前世懷有身孕，更加要小心。在那一世，有密探，有敵方，表示當時的局勢應該很不安穩，懷有身孕的她首要之務，當然是要先保護自己（因果重「心態」，當時的女扮男裝是爲了保護自己）。如果因爲這樣就欠了他，這說不過去。前世的他因爲職務的關係而錯殺了人，錯殺有錯，但也不是故意的。

我想他在個性上，「判斷力」方面可能不夠周全與縝密，也許只看到一點，就容易對事情下論斷，而且個性也比較衝動（看到女扮男裝，不查明就動手），又因爲誤殺而被抓去關，心裡難免不平衡。這一世，或許會有點憂鬱和逃避的傾向（因爲上一世太盡責，反而被抓去關）。總之，我覺得當事者並不是因欠債而相遇，而是彼此各懷有心結的問題。就算有欠債，也是男方欠女方、女方的孩子，及她的家人（但欠不多，因爲他不是故意的，而且上一世有自首負責）。

*網友Eunice回應

雖然他在前世很誠實、勇敢的認錯、自首，但換來的卻是牢獄之災，被關十年。妳想想，在監獄的十年時間裡，他會不會有怨恨？誰叫妳那天剛好女伴男裝出現，害他殺錯人？他是有心結的，所以此生看到妳時，他潛意識會想起來，那被關了十年的孤寂怨恨？

妳一定要誠懇的跟他說，希望他能解開過去世因妳害他被關了十年的心結！我想，等他聽過故事後，心結解了，也許以後再也不會有暴力行爲了！

也許他這一世平日的脾氣都很好，只是有時候克制不住，妳跟他說說這個因果故事後，即使以後你們不再往來，但是往後他想要發脾氣時，也許就會想想自己脾氣不好的原因，於是學習克制、改變個性，進而改變他此生未來的命運，這不也是功德一件嗎？

＊伶姬

家暴的情形除了這兩次之外，還有別的嗎？

＊Yoyo

家暴不止兩次，而且在交往期間從未有過暴力，七次的暴力都是在懷孕期間。這代表什麼意義呢？

＊網友Eunice回應

因爲看到妳懷孕，在潛意識裡他又回到過去世的情境，所以他克制不住自己的脾氣呀！

那小孩出生之後呢？他沒再對妳使用暴力吧？他喜歡這個小孩嗎？至少是他今生的

親生小孩呀！他喜歡嗎？對小孩好嗎？若他今生小孩生下後，對妳和小孩都很好，妳爲何不願意再給他一次機會呢？老天爺就是要考你們二人能否化解心結，考你們二人再遇到時，再度相處的智慧呀！

小孩出生之後，有沒問過他，當初在妳懷孕時，他爲何要發那麼大的脾氣，對妳暴力相向呢？問他當時心中在想什麼？當時妳又做了什麼事，讓他生氣激怒？

＊Yoyo

我在快生產時，就離開他了。因爲生完了孩子之後，他說要娶我，那是很奇妙的感覺。現在回想起來，那眞的很奧妙，因爲已經有了多次暴力的發生，我知道不可能嫁給他，因爲我知道我可以給孩子的，他無法給。

孩子出生後，他曾到家中大鬧，雙方已經鬧得非常不愉快了，所以對孩子好不好，這已經不重要了。我想，我會接受大家給我的建議，我會透過他的長輩將這個因果故事告訴他，我跟他雙方都有錯。有一位網友說這是心結的問題，仔細想想，是啊！以前我太高傲了，以爲只要我感謝他帶給我的成長，多過於我原諒他的程度，那就是放下。可是事實不然啊！謝謝老師及大家給了我這麼多寶貴又派得上用場的意見。感恩。

＊網友Linda回應

有人說「將心比心」很難，尤其是面對暴力的威脅時，那種恐懼無力感，不是身臨其境的人，是很難體會得到的。我覺得Yoyo是處理對了，不管因果如何，不管小孩的爸爸是在何時施行暴力，那都是不對的。面對有暴力傾向的人，是需要專業的知識與能力的。當我們要救人時，需要先衡量自己有多少能力，否則會誤人誤己。Yoyo有自知之明，她知道自己還沒準備好，也無力改變他，所以選擇最好的方式，就是離開他，然後原諒他先前的暴力行爲。

＊網友音樂貓回應

我想再補充一點。Yoyo在前世，是個對家人很照顧的人，所以她願意半夜冒著危險出去工作。當她被密探誤殺後，她心裡最牽掛、最擔心的還是家人及孩子。（我就這樣死了，家人以後怎麼辦？）我猜她被誤殺到死亡，應該不會立即斷氣吧！在她死前，腦子牽掛的不會是自己，而是最愛的孩子和家人，擔心她就這樣死在路上，家中還有人要照顧，該怎麼辦呢？所以這個心結也帶來了……。

老天爺眞的很慈悲，這一世讓她能再和前世的孩子及家人續前緣，也就是說，我認爲老天爺除了讓她和密探有機會化解心結之外，也讓她可以再呵護她的孩子和家人，我相信今生女主角肯定很愛孩子及家人。

下毒的後母

Fiona

問夫妻因果

在過去世裡，我和先生還是夫妻，只是我是他的第二任老婆。先生的家境還可以，前一任老婆留下了四個小孩，但這四個小孩很不好帶，而且我自己也沒有生小孩。前妻所生的四個小孩，就是我先生在這一世裡的三個弟弟及一個妹妹。由於在過去世裡，我先生對我並不好，以至於我開始心生不滿，對他起了懷恨之心。

我這一世的婆婆在過去世裡是我娘家的父執輩。當我回娘家訴苦時，恰巧被她聽到了。她就唆使我，說有一種藥可以讓我先生和小孩吃了之後昏迷不醒幾個鐘頭，然後我就可以趁機把我當初結婚的嫁妝拿走，拍拍屁股一走了之。我接受了這位父執輩的建議。

雖然那種藥很貴，不過父執輩意圖賺取差價，於是對我報出更高的價碼，但因為我娘家的家境不錯，所以還是決定請她替我買藥。我這一世的婆婆在那一世裡因爲貪圖差價，竟向藥房的老闆要求買雙倍的藥量。那種藥並沒有人吃過，所以藥房的老闆告訴我婆婆說：「吃了雙倍的劑量後，不知道人會變得怎麼樣喔！搞不好會出問題呢！妳可千萬要小心喔！」但我婆婆卻只輕描淡寫地告訴我：「雙倍劑量的藥效會比較快。」由於我對此藥的後遺症等等完全不知情，於是就在晚餐下毒後，趁著三更半夜先生和四個小孩昏迷不醒之際，拿走自己的嫁妝，從此一去不返。

後來，當我知道下毒的結果導致夫家人非常嚴重的後遺症時，我內心非常非常的愧疚，雖然聽說五個人全部都被救活了，但我卻沒臉再回去看他們一眼。

我不顧夫妻之情，明顯是「欠情」；我下毒的行爲，傷害了他們的身體，害他們去看醫生，所以是「欠錢」；我也傷害了他們的生命，因此是「欠命」。但是，我這一世的婆婆所欠的債遠遠大過於我，因爲她是始作俑者。

＊印證與迴響

兩年半前我先生突然「不見」了，因為在這之前，為了他喝酒、夜歸及打牌等等問題，我們已經嚴重爭吵了快兩年了吧！其實，我們之間算是有點漸行漸遠了。剛開始，我並不以為意，他不見人影幾天後，我開始緊張了。再多幾天後，我收到由信用卡公司寄來催繳的信函，一張接著一張，總金額將近百萬，令我近乎瘋狂。由於我們的房子是買在他的名下，幾家銀行也已寄來法院通知要拍賣房子，加上房貸、生活費、我那兩個讀小學孩子的教育費、車子的問題等等，令我瘋狂似地找尋他。我也找他的朋友幫忙傳話，而因手機的來電顯示，所以他不接有可能是我打的電話。我打公用電話、買易付卡、向朋友借手機……想盡任何方法，就是為了跟他講到話，但他卻不接任何一通可能是我打過去的電話。就算他不接，我即便三更半夜，仍然無意識地在電話上一直按重撥鍵，一直按一直按，按到我累了、倦了，欲哭無淚地睡著。

我的心裡又氣又怒，憤恨的情緒充滿了我整個的內心與思緒。常常晚上呆坐在十二樓的陽台上直到天亮，然後叫醒小孩去上學，我再去上班。卡債催收小姐的冷嘲熱諷，在我最無助的同時，也深深地刺傷了我的心！印象最深刻的是在那一年的端午節，就在一大早，銀行委託了討債公司來到我家樓下，要求我下樓去談談。我怎敢下樓去呢？在用盡一切辦法聯絡到他之後，我的婆婆提出了條件，要他交出印鑑，把房子改成我的名字，而所有的欠債由我婆婆全數付清。就這樣，將近半年之後，整件事才算落幕！接下來，就只有我自己一個人帶著兩個小孩過日子，那是充滿怨恨、不滿、不平衡的日子。那段日子裡，我婆婆及娘家的爸爸都資助我所欠缺的生活費。

後來，我曾問伶姬老師，我們會不會離婚，她說不會，除非我先生有外遇。

沒想到，不到兩個月，我發現了他眞的有外遇！那眞的是無法承受之痛！我直接跑去鬱金香咖啡屋，在恰好有人缺席的情況下，我遞補了。這次，祂們回應我說我仍然沒有「改變」。可是，我心裡卻想著：「做錯事的是我先生，我要改變什麼？」

日子在痛苦中一天一天過著，在那期間，我先生有短暫地回來家裡住，但當我知道他依然遊走在家庭與外遇對象之間，而外遇對象又告訴我先前他們兩個是如何聯手欺騙我時……，終於，我趕他出家門！這段期間，是我長這麼大以來最最黑暗，也是最最不堪的時候。我崩潰了，慟哭到不行，甚至買了木炭，打算帶著兩個小孩一起燒炭自殺，一方面是不捨孩子們孤零零地生活著，另一方面也是想報復，但最後我終究沒有這麼做，就這樣行屍走肉般地活著、呼吸著。

再一次地，我報名了《聯合報》所舉辦的座談會，這次祂們依然說我還沒有還清，在出了《聯合報》大門後，我的內心又沉重又難過，不知道該怎麼辦才好。那時，我替自己找了許多理由，也理直氣壯地認爲發生的這一切種種，全部都是我先生的錯。雖然，聽了伶姬老師敘述我們兩人的因果後，我稍稍省思自己的錯誤，但嗔恨依然存在。曾經嘴巴上說要改變，可我的內心深處清楚知道自己還是充滿恨意地過日子。

這個內在的我其實並沒有改變，就這樣半信半疑地過了一陣子。有一天，我腦海中突然想起我和先生認識六年後才結婚，至今也已結婚十五年，可是每一次他有小毛病時，他永遠是邊吃著我拿給他的藥，邊對我說著這麼多年來不曾改變過的一句話：「不知道妳會不會下藥毒我？」至此，我完全相信了！

在過去世裡，是我先對他們全家人下毒然後才逃跑的啊！而他在那一世被下毒傷害的害怕心結，竟帶到這一世裡來了！我還能說什麼呢？事實擺在眼前！所以，我認了，認了這一切。當我不再要求他該盡義務拿錢回來養小孩，也不過問他與另一個女人的事情，當我放下一切的憤恨、怨懟、罣礙、執著等等，我的內心自由了！

當然，這一路走來真的很不容易，有心理諮商師的幫助，也有我自己的體認。然而，伶姬老師卻是在我這心態轉折過程中，一位不可或缺的重要貴人。如果不是老師的開導，我實在不敢想像現在的我會是什麼樣的女人。我滿心感恩這種種的一切。接下來的我，對他已完全無所求了。那一世的我那麼壞心腸，現在換他離家、拋棄我，是我活該啊！因爲我也拋棄過他及他們全家啊！我怎麼對別人的，在這一世裡，換我自己親自嘗一嘗那種被「拋棄」的滋味了！我放下了！眞的放下了！我開始認命地過著與小孩相依爲命的生活，當我不再心存憤恨及怨懟時，我釋放了自己，同樣的，我感覺我先生也釋放了我，我重新獲得心靈上的自由。

我認命地接受先生已離開家庭的事實，後來不知道爲了什麼緣故，他的外遇對象居然趕他走。當他表示要回來時，我冷冷地不置可否，因爲我想是我欠他的，我接受他的回來，也接受他的不回來。可是當他對我做出嚴重的暴力行爲時，我曾抱持著「怕丟臉」和「我欠他」的心態，猶豫著是否要申請保護令？後來我心念一轉，覺得最壞的狀況也不過就是如此了，即使是我欠他的、是我該還他的，但我並不需要忍受他的暴力行爲。法律是保障我的人身安全與不被威脅恐嚇的自由，爲什麼我要「逆來順受」地讓他對我做出暴力行爲？一切都要依照「法理情」，而「法」是最基本的要求啊！

若我「縱容」他繼續對我施暴，那我豈不是「阻礙他的成長」？在過去世裡是我傷害了他，如今他轉世來報復，但是，他還是要遵照今世的法律，否則他就是造「惡因」。我在過去世裡做錯了事，所以才因果輪迴轉世讓我們成為夫妻，我必須償還我所虧欠他的「情」。我願意承受夫妻感情不好的惡果，但他要報復，何嘗不是也身陷其中，令我們兩人都不好受啊？由於我先生的肢體暴力行為已嚴重影響到兩個小孩的人格發展，所以經由社工的勸說之後，我選擇申請「保護令」來保護我和兩個小孩。沒想到這張「保護令」還真有用，漸漸地，他已不再來騷擾我們，甚至最近會偶爾給我一些錢當生活費。

＊關於我婆婆與她的五個小孩，在這一世裡的相處情形

在我和先生交往的六年期間，我對他們的家庭沒什麼太大的感覺，可是婚後我總是感覺到他們家的氣氛怪怪的。後來，我才知道原來他們的童年是在非常暴力的家庭中度過的。公婆、父子、母子間的關係非常疏離，比陌生人還不如。

這一世我先生是長子，而三個弟弟與一個妹妹是過去世前妻的小孩，我婆婆傷害他們，所以是「欠錢」與「欠命」。這一世裡，我公公已經往生了，包含我先生在內的五個小孩，從來沒有拿過錢回家孝順父母，出去也從來不會打電話回家，彼此的關係非常冷漠。我婆婆經常向我抱怨養了這五個小孩，卻從來沒有一個人關心過他們，而我也只能安慰她，並且經常打電話回去問候她老人家。

老二因爲書讀得不多，找不到好工作，不斷地向我婆婆索取金錢，每天只會借酒澆愁，一喝醉酒就大吵大鬧，讓我婆婆疲憊不堪。老三是女兒，已嫁爲人妻，但她從來不曾主動回家探視過家人，總是要我婆婆打了電話後，才心不甘情不願地回來，不到一會兒就急著要離開。老四則因爲車禍的關係，腦袋有一點不靈光，但生活還能自理。老五在去年底因爲公司債務的關係，一直用現金卡借錢，雖然我婆婆陸續幫他還了多筆欠款，但在惡性循環之下，不堪債務的壓力，一時想不開，吃安眠藥自殺了。

伶姬：妳請親戚買「迷昏藥」就只是爲了拿回妳的嫁妝，但對方卻拿了「雙倍」的份量。雖然妳完全不知情，但這些都是「事實」。仔細想想，怎麼可以「隨便」拿「迷昏藥」給別人吃呢？這裡面有沒有「故意」的成分呢？這樣會不會傷害到對方的身體呢？

答：我知道這當然是錯誤的，即使只是「迷昏」幾個鐘頭也不對。我的動機的確不良善。其實，我心裡隱隱約約也想過這樣子的因果應該是要「欠命」的。

伶姬：我想妳應該很清楚答案，雖然妳不是惡意，但卻是「故意」。我告訴過妳一定會欠到情，因爲你們是認識的。但是，妳再想一想呀！會不會欠到「命」呢？答案當然是會的。因爲就算當時沒有「雙倍」的份量，債權人也是會「昏迷」一陣子的，既然昏迷，就是傷害到身體，只是也許並不嚴重而已。

答：沒關係！欠命、欠情、欠錢這些我都接受。我知道身爲人家的妻子及繼母，不管有什麼大不了的事，也應該良性處理之後才離開，而不是用這樣子的方式。

伶姬：將來如果妳婆婆往生之後，「很可能」小叔們的事，就有待妳幫忙了。但是，應該不會是大問題，因爲眞正的債務人是婆婆而不是妳。所以，當婆婆往生後，妳要還的已經非常非常的有限了。

答：妳相信我！只要我婆婆不在了，小叔們的事我不會推諉的。無關因果，只是盡一個爲人媳、爲人嫂的本份而已。

伶姬：結婚以後的這些年，因爲小叔們的事，是不是讓妳覺得「怪怪的」呢？也許妳的潛意識裡一直擔心著：「我的小孩會不會遺傳到呢？我的先生會不會也和小叔們一樣呢？」

答：是啊！非常擔心！在尚未看妳的著作之前，一位熱心的朋友幫我的小孩看名字，他說小孩若不改名將來頭腦會出問題。我太晚看妳的著作了，那時便花了大錢！

伶姬說：這樣的擔心，不也是一種「欠情還情」的表現嗎？老天爺也只不過讓妳自己嘗嘗當時他們的痛苦而已。為什麼我會這麼說，因為有很多類似背景的問事者都會這麼問。如果換成是我，一定也會如此。妳不用害怕，如果我們能夠「認清」自己的潛意識在想些什麼，那就好辦了。仔細想想，妳的小孩並沒有跟這個因果故事有關。既然沒有，就不用擔心他們會「遺傳」。

我建議妳告訴小孩：「叔叔們精神有問題，甚至於都自殺了，看看阿嬤多麼的偉大！一個老人家扛起如此重擔，我們應該要謝謝阿嬤，也要幫助阿嬤。同時，也因為我們有這樣的經歷，所以只要有空，我們也應該去幫助其他這樣的家庭。」如此一來，妳的孩子可以學到感恩，也學到服務。將來有一天妳的婆婆往生了，輪到妳來照顧小叔們的時候，相信妳的孩子都會幫妳的忙。或許輪到妳照顧時，小叔們可能會「清醒」也說不定。「自助而後天助」，「吉人自有天相」，老天爺會站在妳這邊的。

我們一家人

Tracy

問親子因果、夫妻因果

母女因果，伶姬：「這一世妳是女的，但是在過去世妳是男人，家境很好，是個有錢的員外。現在的女兒，就是妳過去世的女兒。你的老婆生下她之後，沒多久就死了。你非常重男輕女，不願意幫她請個奶媽，只請了一位歐巴桑煮飯給她吃。我看到她就坐在牆角，用一種渴望被別人關愛的眼神看著你，可是你就只是專注在生意上。後來你再娶了二老婆，過沒多久二老婆生下了一個兒子，於是重男輕女的員外就將整個重心全放在兒子身上了。現在的大兒子就是二老婆後來生的兒子，所以他們是同父異母的姐弟。」

問：「妳和妳女兒有什麼問題嗎？」

答：「我有時候會覺得沒有辦法由內心深處愛她。」

問：「她平常有沒有什麼狀況呢？」

答：「她常常在半夜無端的哭鬧。」

問：「她精神狀態有沒有問題？」

答：「沒有耶！」

問：「那她說話呢？有沒有障礙？」

答：「沒有。」我心中想，哇！有這麼嚴重嗎？

問：「當她哭鬧的時候，都是誰去安撫她呢？」

答：「不一定耶！大部分是先生去。」

問：「通常這個時候，妳去會比較有效。我建議妳還是帶她去看看醫生。」

答：「我有想過讓她去讀森林小學，或許那裡的環境比較適合她。」

問：「不用吧！她需要的不是那種東西。」

答：「那我應該要怎麼做比較好呢？」

問：「就愛她啊！」

最後「就愛她呀！」這一句話一直在我腦中不斷的擴大、擴大、擴大。

姊弟因果，我問：「姐姐爲什麼這麼恨弟弟呢？」

伶姬：「當然啊！她的父愛不但全被弟弟奪走了，後來長大之後，妳（員外）還跟兒子將女兒送到尼姑庵當尼姑。」

我說：「可是弟弟對姐姐很好耶！」

伶姬：「基本上，弟弟的本質沒有問題，送去尼姑庵的事情，主要決定的人還是父親（員外），弟弟只是配合的人。」

我的事業，「我想問事業。」

「我沒有看到妳有做什麼善事，但也沒有做壞事，就是奉公守法的做著份內的事，所以，妳是上班命。」（伶姬老師沒有敘述畫面）

「可是，我事業心很重，主管對我也不錯。」我有些失望，因爲我的工作其實算很不錯，而且也頗受主管重用，以爲可以有一番作爲。

「妳前世是男人，事業又做得不錯，這輩子妳的事業心當然會重啊！不過，也不可能讓妳衝太快的，中間大概都會出現一些阻撓，否則，讓妳衝這麼快，妳又把重心放在事業上，女兒也不顧，到時候賺了錢，就只會想把女兒送去森林小學！」

夫妻因果，「我想知道我們夫妻的因果。」先生問。

「嘿嘿！這下有好戲可以看了！」伶姬老師說。全場哄堂大笑。

「你平常對女兒好不好呢？」伶姬老師很快就張開眼，問先生。

「喔！好得不得了！」先生還沒回答，我就搶著說。

「嗯，你就是那個二老婆！」伶姬老師對先生說道。全場笑得更大聲了。

「二老婆其實對員外的女兒很好，她覺得小女生從小就沒有了媽媽，所以很疼惜她。但後來，女兒是在二老婆完全都不知情的情況下被員外送到尼姑庵，二老婆對這件事就更難過了，所以他現在看到她，就會想多對她好。」

「嗯？那我們是誰欠誰呢？」我問。

「是妳欠他，因爲妳把女兒送去尼姑庵，村莊裡的人都以爲是二老婆的主意，其實二老婆根本不知情，而妳也沒有再去跟村裡的人說明，所以，是妳欠他情。」伶姬老師說。

「我一直都以爲是他欠我耶！因爲他對我比較好，而且我常常都會罵他！」我說。

「沒關係啊！妳再試試看好了！」伶姬老師說。這是我第一次見識到伶姬老師的直爽。

「可是他平常都不用腦筋，什麼事都要我來煩惱。」我說。

「誰叫妳上輩子這麼大男人，什麼事都不跟他商量，連將女兒送去尼姑庵這麼大的事情都不跟他商量，所以這輩子什麼事都讓妳煩惱就好了！」伶姬老師說。

父子因果，先生問：「那老三不在這個因果故事中嗎？」伶姬老師搖搖頭。

伶姬說：「你跟老三沒有因果，他是來考試的，所以跟你們都沒有欠債與報恩的因果。來考試的小孩，妳要自己帶，才會帶財來，所以才會建議妳自己帶小孩。不過，重點是你們夫妻在小孩二十歲之前不能離婚，這點可以做得到嗎？」（考試人與父母的因果，請參考《如來世3——因果論一》，頁三一二）

我點頭如搗蒜地說：「可以！可以！」

*印證與迴響

我有三個小孩，老大是女兒，老二與老三是兒子。

新婚才三個月，我就懷孕了，我滿心喜悅期待這個小生命的誕生。然而，迎接我的卻是一連串的不順利。早期是嚴重孕吐，七個月早期收縮住院安胎；八個月大量出血，八個半月母體出現肝指數異常，緊急催生。女兒出生後，非常難帶，她總是睡不到一個小時，便哇哇大哭。女兒兩個月大時，我辭去了工作親自帶她。然而在女兒八個月大時，剛好有一個不錯的工作機會，我又出去工作，將女兒交給保母帶。就在給保母帶的第七天，女兒因爲腸病毒住院。也是在那個月女兒出現了過動的現象。

接下來眞的非常辛苦，雖然女兒還不會走路，卻無法讓人抱在懷中，她總是極力掙扎，到處亂闖。帶她上街，她總是可以找到店家的開關，硬生生的將營業店家滿屋的電燈關掉；她也會邊走，手就邊掃過商家擺設的物品，將物品全部掃在地上；她不讓人抱，也不讓人牽，以非常快的速度鑽過人群，然後消失。每次出門，除了不斷向人道歉之外，還有就是滿街追小孩。我曾經在很沮喪的時候跟老公說：「我眞希望她就這樣走失了！」

女兒非常會哭鬧，而且是歇斯底里式的哭鬧。她常常會因爲一點點非常小的事情，就用盡全身的力量嚎啕大哭。在她小學一年級之前，常常睡到半夜，就會出現歇斯底里的哭喊，而且一哭就是半個小時到一個小時。她很小的時候就會打我，也常常很叛逆的瞪著我。我母親看到都覺得不可思議。當她剛開始學尿尿時，我都習慣在她睡著後的一個小時抱她起來尿尿，可是通常的結果，就是她會哭著滿屋子亂衝亂撞，然後尖叫、哭鬧。那一段時間還眞是噩夢一場。

女兒兩歲時，我生下老二，老二比女兒好帶很多，也非常貼心。老二出生後，我很注意女兒的心理變化，甚至回到家之後，都不太敢去抱老二，就怕她會覺得失寵。剛開始，也沒有什麼異常，直到老二八個月的時候，我發現他臉上有兩道很深的抓痕，保母跟我說，老二要拿女兒的玩具，被女兒抓傷了。接下來的日子，老二身上的傷痕就沒有停止過，不是臉上，就是腿上和手上。我發現女兒對老二有著深深的恨意。

曾經有一次，老二還不到一歲，她趁著老二躺在床上的時候，便拿著鉛筆戳老二的眼睛。當他們一起玩遊戲時，老二總是被她揍個半死。她每次走過老二的身邊，都會故意踢他，或是捏他，或是瞪他。最近老二常常睡到半夜，就被姐姐揍醒而大哭，被揍的原因竟然是「他的呼吸聲音太大！」而老大最近許下的願望則是：「我知道這不太可能實現，但我希望大弟弟消失！」

老三對姐姐的態度，就不太一樣了。他有好吃的糖果，就一定會留一份給姐姐吃。每次當我們在罵姐姐時，他還會對我們說：「不要再罵姐姐了，好嗎？」姐姐哭的時候，他會拿著衛生紙幫姐姐擦眼淚，只不過，通常他一靠近，就會莫名地又吃上一記拳頭。

我先生對三個小孩的態度也不太一樣。對於老大老三他非常疼愛，但是對於老二就顯得非常沒有耐性。先生常常對我說：「眞是不知道爲什麼，我每次看到老二就一肚子氣！」而我和先生的相處看起來是沒有太大的問題。他對我非常呵護，即使我現在已經是全職的家庭主婦，家事也都是他一手包。我先生他就是大家眼中的新好男人、好好先生。

表面上看起來，我非常幸福，但實際上，在幸福的背後我非常累。先生是個沒有想法的人，他不會去計畫任何一件事情。小孩要找保母、要念什麼學校、要安排什麼課程、家裡的貸款什麼時候繳？繳多少錢？他完全沒有概念。無論問他什麼事情，他都會說：「不知道耶！妳安排就好！」所以，家裡大大小小的事情，都是我一個人在打點。

＊後記

在我知道了自己跟女兒的因果故事後，我感覺到羞愧。老師曾說：「改變心念，就能改變一切。」我不知道是不是巧合，但在當天座談會結束後，我回到家一看到女兒，我內疚地抱著她流下了眼淚，並在心中告訴自己我一定要好好愛她！結果，神奇的事情就開始發生了。她開始變得柔和，在夜晚哭鬧的次數也逐漸減少，和我對立的姿態也沒有那麼強烈了。我發現她也慢慢愛上了我，我們的關係愈來愈親暱。

我離開了工作，成爲一個全職的家庭主婦。對於先生，我最大的改變，就是變成一個「女人」。在這之前，我是個幾乎不會做家事，不會下廚煮飯的女人。而現在，我們甚少外食。我也盡量鼓勵他多發表一些意見，雖然常常說出來的並不能稱之爲意見，但起碼我並不想阻礙他的成長。

女兒上了小學之後，我發現她幾乎沒有辦法靜下心來完成功課，也不太能完成我要求她做的事情，如喝牛奶、刷牙、穿衣服等這些日常生活的事情。請她刷牙時，她就會站在鏡子前，一會兒照鏡子，一會兒玩頭髮，一會兒跑到客廳東摸西摸，半個小時後都還沒刷牙。教她功課，更是要費盡很大的力氣，才能讓她完成。我後來帶她到大醫院去檢查，醫師證實她是患有「注意力缺陷過動症ADHD」。曾經老師在座談會上問我，女兒說話有沒有障礙，當時不覺得有特別異常，不過，事後想想，女兒在詞彙的表達及組織能力上，確實不如同年紀的小朋友，這是「注意力缺陷過動症」患者的典型症狀。這種患者，其實和一般人並沒有不同。他們最大的不同就是不專心，光是這一點，就足以讓我將大部分的心思，都放在她身上。

這樣的孩子有多難帶呢？湯金樹醫師在《分心不是我的錯》一書中，敘述到：「注意力不足過動症的孩子，很難遵守一般日常生活的常規，他們總是無法整合和規劃自己應該做的事情，所以很多家長告訴我帶這樣的孩子長大，真的會折壽好幾年的生命。說實在，有時我難免慶幸自己不是他們的父母。不過人生有得有失，能把這樣的孩子帶大，可見人類的潛能和耐心有多寬廣，往往超乎自己能夠想像得到。所以身為父母的千萬不要畫地自限，想想看能和這樣頑皮的孩子相處，天下還有什麼難事是無法忍耐克服的呢？」這一段話也給了我不少力量。

這些日子以來，我最大的收穫，便是女兒性情上三百六十度的轉變，她由一個容易歇斯底里哭鬧、個性剛硬的小孩，轉變成柔順可以溝通的小美人。她身邊的所有人，包括我的父母親、帶她三年的老師、我身旁的朋友，每一個人都驚訝她的轉變，直稱不可思議。

＊後記

其實我在家之後，和先生之間出現了一陣子的低潮期。先生對我出現了前所未有的依賴感，而且疑心病及佔有欲非常強烈，這造成我們之間的關係變得非常緊張，甚至讓我喘不過氣來。

「我想知道我先生對我的心結。」我問。

「我看到的是戰場上的醫院，妳是護士，正在幫一位病人檢查傷口，等傷口包紮好之後，妳馬上就去看下一位病人。然而剛剛那位病人，是妳的親弟弟，妳並沒有因爲她是妳弟弟就對他特別照顧，在妳的心裡認爲，病患這麼多，應該對每個病人都平等對待。但是，弟弟的心裡卻不這麼想，他很不平衡，他覺得姐姐怎麼可以這樣？不多照顧他？不多關心他？」所以，這一世只要妳跟別的人說話，尤其是男生，他就覺得妳怎麼又把注意力放在別人身上了，應該要全心只注意他。這個因果故事，姐姐並沒有欠弟弟，純粹是弟弟帶著心結來轉世。」

「妳可以試著以姐姐的角度，多多包容他！」伶姬老師對我說。

「你可以放下這個心結嗎？」接著又笑著對先生說。

「嗯……，我不知道耶！」先生面帶尷尬說著。

先生放下心結了嗎？根據我的評估是：還需要努力！

＊Linda

對於妳「重男輕女」的做法，我想老天爺很不贊同。「人身難得，人生值得」，所以每個人生而爲人都有他的價值，不能因爲性別而有差別待遇。妳與女兒一起來轉世，對妳來說，是讓妳深刻去體會「當事者的感受」，進而去修正妳的行爲。所以，這一世才會將妳轉世爲女的。妳女兒帶著過去世的心結來轉世，她仍「渴望」妳的愛，她種種不合理的行爲都是爲了吸引妳的注意，都是需要妳的特別專注。唯有妳「眞誠的愛」才能化解她的心結，所以妳必須親自去照顧她。妳需要以實際的行動來宣示，來證明妳的愛，才能讓她完全相信妳是眞的疼她，眞的以她爲榮。

喬太守拆散鴛鴦對

小鳳

問大妹的婚姻

我帶著大妹去請教老師，伶姬老師閉目數秒：「別人是喬太守亂點鴛鴦譜，而妳大妹卻是喬太守拆散鴛鴦對。訊息只有一個字——『破』。」

在過去世，有一對從小一塊兒長大青梅竹馬的表兄妹，彼此相愛著。無奈當地的喬太守看上了亭亭玉立的表妹。喬太守不願意見到自己心儀的女人就這樣嫁給他人，於是訂定了「當地表親不得結婚」的法條，藉以警告表兄妹不得結爲連理。所幸表兄是外地人，因此喬太守無法找到其他立即將表兄治罪的藉口，也只好任由表兄妹持續相互聯繫。就這樣，一直到表兄妹私下秘密結婚了，喬太守仍被瞞在鼓裡。

表兄家很窮，而表妹家卻很有錢，在兩人私密結婚之後，表兄便前來投靠表妹家。身爲堂堂男子漢的表兄，常自忖：「總不能夠一輩子就這樣靠著妻子家的接濟而生活下去啊！」當表妹懷有身孕之後，有一天，表兄一時自卑心作祟，爲了想要讓未出世的孩子過好日子，於是動手偷了管家的東西。由於表兄妹結婚的消息一直沒有曝光，就連表妹家裡的管家也不知情，所以當管家往衙門一告，表兄妹同時跪在喬太守面前的畫面就這麼出現了。

表兄的偷竊行爲終於讓喬太守有了藉口，於是隨即將他發配邊疆，可憐的表妹也從此展開了一輩子守活寡的悲慘命運。幸好娘家有錢，所以她得以獨自一人把孩子養大。

伶姬：「表兄妹同時跪在喬太守面前的畫面如此清楚，表示這兩個人已經出現了。大妹在過去世是男的，也就是那位喬太守。這一世裡，表妹是男兒身，而表兄則是女兒身。大妹將會跟過去世的表妹結婚，但她的婚姻一定會出現程咬金，因爲過去世的表兄一定會出來鬧。但是，即使大妹結婚了，將來離婚的可能性非常高，因爲在那一世裡，表兄妹是夫妻，卻被喬太守（大妹）給拆散，所以此世在大妹結婚後，先生（表妹）很可能會有外遇，而外遇的對象就是過去世裡的表兄。即使大妹有了孩子，孩子也很可能是屬於先生的。別忘了！在那一世裡，表妹懷有身孕。在這個因果故事中，表兄妹是債權人，而大妹卻是債務人。」

「妳現在是否有男朋友呢？」老師對著大妹問道。

「我不知道該怎麼回答有或沒有？我目前的處境和老師說的因果故事很相像，只是我現在還沒有結婚。就在我與男朋友論及婚嫁時，男友的前任女友突然出現了，看起來似乎他們並沒有完全分手。目前就是她在鬧、在攪局。」大妹無奈地回答著。

＊印證與迴響

小鳳說：當論及婚嫁時，男方曾交往了七年的前女友卻出面來干涉，她時而口出惡言，時而恐嚇，也常常半夜打電話來騷擾，或傳送不堪入目的簡訊。大妹為了感情的困擾而想不開，為了這件事，大妹抽起了煙，也多次用刀子割過手腕「自殘」。

網友問：有沒有想過報警處理，訴諸法律呢？

小鳳答：母親認為恐嚇是公訴罪，一旦報警，必定會被追究到底，那麼前女友也會不好過。員警表示，依他們的經驗來看，感情這類的事情眞的很不好處理。況且一經提起告訴，三方均要出庭，警方會全力追查，當然會掀起不少的瘡疤，而大妹的安全也將會面臨威脅。因爲報復者會採取什麼樣的手段，我們並不知情！如果要提告訴，警方建議我大妹要有心理準備，隨時都準備好等著她前來報復。

網友問：當一個女人用暴力、恐嚇、騷擾等等方式來爭取變質的感情時，男人扮演什麼樣的角色呢？

小鳳答：大妹與她的男友雖說已分手，但彼此還是不捨，仍有聯繫。我大妹對男友的處理態度也非常不能接受，但她就是放不開。

伶姬說：過去世的喬太守是有錢的高官，因爲看上表妹而自訂法律「表親不得結婚」，由此可知，這一世大妹的人格特質比較會爲所欲爲，想怎樣就怎樣。她愛面子，喜愛掌控別人，又是男人來轉世，個性也會比較剛硬。

小鳳答：的確，我大妹在家裡就不太聽從父母意見，很有她自己的想法，凡事一定要在她能掌控的範圍。如果不如她意，她就會覺得面子掛不住；如果樣樣都不如意，就會有鬱卒的現象，也會有尋死的念頭。由於她是高官轉世成爲平民，在金錢觀上比較無概念，爲人很海派，也很阿沙力。目前因爲體會到賺錢的確很辛苦，因此她將自己的金錢都交由母親安排儲蓄，身上只留少許的零用金。她對朋友還是滿講義氣的，只是有時候脾氣一來，她也滿「番」的。

伶姬說：由於過去世的「表妹」（如今的男友）是有錢人，因此這世的人格特質就會變成出手大方，卻不能抗壓、不能吃苦。而大妹她過去是男兒身，又是高官來轉世……種種原因，大妹與男友兩人都很愛面子。如果結婚，這世的先生將無法承擔重任，在婚後大妹會很累。

小鳳答：目前大妹男友的情況，在家中，是家人做好伺候他；在公司，表現則很認真。當他面臨前女友及大妹之間的問題時，嘴巴說他會處理，但只見到兩個女人針鋒相對，他卻一副事不關己的樣子。他會嘴巴說很喜歡大妹，但私底下卻仍跟前女友藕斷絲連。因此一有問題，責任絕不是大妹的男友會扛起來的。

伶姬說：過去世的表兄就是這一世的前女友，她的個性一定是嚴重的「憤世嫉俗」。當她得知大妹（喬太守）的存在，潛意識裡一定恨大妹恨得咬牙切齒。

小鳳答：她一下子苦苦哀求，一下子又憎恨大妹，巴不得大妹也落得跟她的下場一樣，什麼都沒有。前女友在公司的人際關係並不大好，常會有「不如人」的想法。

伶姬說：「前世因，來世果」，在過去世，表兄有偷竊罪，但罪不至於發配邊疆，喬太守似乎罰得太重了，更何況他是故意加重表兄的刑罰。因此在因果輪迴的法則中，喬太守是「欠命」、「欠情」又「欠錢」。喬太守他自創法律乃爲「一己之私」，犯了「職業」上的大錯，因此要注意職業會「不順」。過去世表兄妹本來就是一對，卻因喬太守而分開。表哥連自己的孩兒都見不到，也不知妻兒過得如何？若沒有喬太守的故意干預，兩人可以沒有苦難，不需分隔兩地，更可以共結連理，一家團圓。

小鳳答：雖說這一世大妹的男友口口聲聲說「他很愛很愛大妹」，但依其行徑，卻是一副「事不關己」，還與前女友藕斷絲連，前女友也堅持要大妹離開男友。大妹這段感情波折起伏變化很大，家人都不予祝福。當家人堅持要大妹與其男友分手，大妹卻有種「被迫拆散」的感覺。在知道過去世的前因後果後，大妹突然問道：「爲什麼男朋友說很愛她？他根本就不想與前女友在一起啊！」

伶姬說：在因果輪迴的設計中，表兄要報復，表兄要求大妹來還債，他當然得先將大妹拐進來，讓她套入百分之六十「先天注定的命運」中，如此一來，表兄妹他們兩人才能跟大妹追討所謂的「債」呀！但是大妹還是有百分之四十的機會選擇「不淪陷」，就是你把前世的表妹還給表哥。如果他們兩人能結婚最好，假使他們又有小孩那更好，別忘了大妹前世還欠他們一個孩子，因為表兄妹被迫分離時，表妹還懷有身孕。幸好表妹家裡有錢，長年撫養孩子並沒有出什麼大問題。如果表兄妹他們兩人能團聚在一起，而且結婚了，到那個時候，大妹眞正的姻緣才會出現。

大妹問：假若過去世的表兄妹也沒有在一起呢？

伶姬答：假若他們也沒有在一起，那麼大妹妳也只能耗下去了。如果他們沒結果，妳也別想會有好姻緣啦！不過假若他們兩人眞的「有喜」，那妳就得包個大禮，親自恭賀。記住！「只能拿給妳男友的前女友喔，而且要私底下、誠懇地請求她的原諒」，這樣她的心結才有可能會放得下。其實妳應該感謝男友的前女友，還好她是現在就出現。由於大妹妳自己在過去世是高官，所以很好面子，若是在這一世結婚之後，妳先生由於前女友的出現而有了外遇，那妳這高官的面子將不知該往那兒擺了。到那個時候，大妹妳的婚姻就眞的「破」了，而妳也可能自殺身亡。如果是這樣的結局，下一世妳就要再來考「自殺關」，那豈不是更累？還有，大妹妳前世還欠了「一個孩子」，假若妳有下一段姻緣，我擔心妳會沒有「傳後命」。我建議妳現在就要開始做善事，盡量贊助一些公益團體，例如孤兒院、早產兒基金會等等。將來即使只有一個女兒，那也是萬幸了！

＊後記

大妹在知道因果故事後，心態轉變了。她說：「老天爺待我不薄，過去世裡，我連與表妹相處的機會都沒有。至少在這一世，老天爺給了我九個月的時間和他相處。雖然是動手腳的，但是由於這九個月的緣分，我也很開心，也讓我懂了不少。我想我該知足了，我覺得自己已經很幸運了，我該放手讓表妹回表兄的身邊了。知道因果故事後，我的身子也輕鬆不少。真的願意放手，才能感受到真正的輕鬆。」

＊Linda

網友問：就外遇這個主題，不是說無關「前生因」嗎？

Linda答：不管是否關乎因果，外遇都是不對的，都是「今世的因，來世的果」。當我們要報復別人時，不只是債務人不好受，自己更不好受，一不小心要債要過頭了，又會變成下一世的「惡因」。伶姬強調要原諒別人，當我們能夠原諒別人時，才能真正的釋放自己。

在這個因果故事中，老天爺又在出考古題了：「角色變化後，在相同的情況下，當事人會如何？」又在其中加上了另一個考題：「外遇！」雖然故事的角色與時空背景不同，但卻還是他們三人之間糾纏不清的愛恨情仇。這一切的輪迴轉世都是爲了讓當事者能夠深刻地體會到「欠債還債」與「原諒別人」的重要性，以及當面臨「抉擇」時，當事人是否能夠用更圓滿的「習性」與「作法」來解決問題。

在過去世，喬太守爲了自私利己而拆散恩愛情侶（表兄妹）。如果表妹爲了報復，而選擇與喬太守結婚，婚後，表妹將面臨致命的吸引力——表兄。這時，表兄妹是否會站在「法理情」的角度去做最佳的抉擇呢？還是也和喬太守一樣，會站在「自私利己」的立場行事，再造「外遇」的惡因？這眞是很大的考驗。

＊伶姬

的確！外遇是這一世的「因」。過去世裡，表兄妹很要好，如果這一世喬太守與表妹結婚了，那表兄與表妹如果「碰到了」，就會產生「致命的吸引力」。別忘了！這一世與過去世都一樣，他們比喬太守還早認識。但他們也只能「感情要好」，但不能「上床」，因爲在台灣通姦是犯法的。而一般法律所謂的「外遇」指的是有親密關係。

網友問：伶姬妳說「喬太守知法犯法，所以因果罪要加重，更何況他是惡意的。」那麼就因果的角度來分析，請問他會如何？如果他不是惡意的，又會如何？還有，爲什麼喬太守會知法犯法，故意的去破壞恩愛的情侶？是否與他的人格特質有關？當一個人凡事只想到自己，不會「將心比心」去考慮到別人的一切時，他的所作所爲就可能錯得很離譜。伶姬妳在書上一直強調「改變個性，才會改變命運」，當喬太守隨著轉世把過去世的習性帶來，如果他不努力的改變自己，一定會重蹈覆轍，所以他會深受因果罪之苦。對嗎？

伶姬答：讓我們由這個因果故事來猜猜喬太守的人格特質，他很有可能是那種「寧爲玉碎，不爲瓦全」的人。雖然在過去世，他要不到那個表妹，但他也不會讓表哥好過。到了這一世，如果前女友硬搶，那麼喬太守很可能也會展現過去世的個性——絕不妥協。雖然喬太守是債務人。

這裡還牽涉到另一個因果重點，因爲表哥沒有死，所以老天爺就「不會」在喬太守的身上「動手腳」，讓他一百八十度的轉變，讓他心甘情願地償還表兄妹。因此我們才會看到喬太守這一世依然「霸道」、「不放手」的本性。因此若要喬太守放下，一定要在這一世裡找到會讓他「沒面子」的事加以「恐嚇」或「警告」才會有效。換言之，就是指結婚之後，先生可能會有外遇的這檔事。再加上如果先生眞的外遇了，女方還可能會生下小孩，偏偏喬太守又是個不太可能會有「傳後命」的人。這樣的結局，喬太守的面子掛得住嗎？

如果喬太守不是「惡意」的話，而事後又覺得「自己錯了」，那麼這一世當前女友出現的時候，喬太守就會覺得自己不對，而選擇自動退出了。如果喬太守雖非惡意，但事後卻「不」覺得自己有錯，那結果差不了多少，只是時間會拖長一些，最後，還是會乖乖放手的。

網友問：如果只是精神上愛來愛去，只有牽手擁抱（不知道有沒有接吻），但還沒有上床有親密關係，那就不算外遇嗎？先生想爲了第三者跟我離婚，那也不算外遇嗎？外遇的定義是什麼呢？

伶姬答：很多人告訴我說心靈外遇比肉體外遇更嚴重，因爲「心」都飛了，就算有「肉」，也是「行屍走肉」；就算在一起做愛，也一定是「應付應付」的「同床異夢」。有些人以爲男人很多的「上床」是逢場作戲、是應酬。當被發現的時候，就會說：「我只不過是犯了所有男人都會犯的過錯。」所以，男人外遇時，旁人會說：「給他一次機會吧！男人嘛！」但如果換成女人，可以說女人的「上床」也是逢場作戲，也是應酬嗎?所以，女人外遇時，旁人會說：「賤女人!休了她吧!」憑什麼男人可以，而女人卻不行呢?這是在台灣的現象。不知在歐美國家，又是如何看待「逢場作戲」。（姑且不管法律的問題）在生理方面，是否男人不要有愛就可以有性，而女人要先有愛才可以「享受」性福呢?

通常剛結婚時，男女雙方的「程度」差不多，可是經過一段時間後，難免會有「落差」的出現。一方只知打麻將，一方卻只想看書；一方只想往外打高爾夫球，一方卻只想到KTV唱歌；一方出手闊氣，一方卻節儉持家；一方只是原地踏步，一方卻想要再學習、想要再成長……。誰錯了呢?也許是因爲來自不同的家庭，也許是因爲婚後各自接觸的人事物不同……也許就只是各有所求、各有所好而已。如果這時候夫妻雙方無法取得平衡點，那麼兩人的距離就會越來越遠了。「熟悉的陌生人」的戲碼於是開始上演。

因果一定是先依事發當時的「時空法律」爲依循標準。在台灣「通姦罪」的成立是如何呢?除了通姦的男女雙方有罪之外，還同時傷害了彼此的配偶。關於這一點，我就不用多說明。我想解釋的是「心靈外遇」怎麼辨呢?既然稱做「外遇」，它的前提是男女雙方都是「有心」的，而非單方面的「單戀」。

絕大部分的「心靈外遇」一開始都是「純友誼」的。雖然一開始是以「學習、成長」爲主軸，但卻漸漸走偏了。這樣的心靈外遇實在很無奈，因爲兩人「興趣相投」、「物以類聚」、「談得來」、「有默契」……，到頭來就只有「知己」、「影子」兩個字才足以形容兩人的關係。一個是男，一個是女，就只是性別不同而已，爲什麼不能把他們定義爲兄妹呢？如果能夠以兄妹相稱也就罷了，問題是雙方的另一半「都」可以接受嗎？接受自己的他，有一個「紅粉知己」；接受自己的她，有個「青衫之交」？如果彼此四人或三人都可以接受的話，那麼就比較沒有問題。只要有一方的配偶無法接受，那麼對「心靈外遇」的兩個人，實在是種折磨。

可是啊！老天爺不是要我們誠實嗎？老天爺不是要我們面對問題嗎？老天爺不是要我們廣結善緣嗎？老天爺不是要我們表達自己的意思嗎？老天爺不是要我們不要阻礙別人的成長嗎？老天爺不是要我們盡量學習、多多成長嗎？

1.兩人心有靈犀，但知所進退，就算相愛，但絕不逾矩（在法律的範圍內），在配偶不知情的狀況下，也不影響自己的家庭。在這樣的情況下，老天爺很難說兩人有錯。

只不過這兩人一定滿「辛苦」的，除了日子辛苦之外，各式各樣的「心結」也一定不少，積蓄了這麼多的「心結」，到了下一世會如何呢？重要的前提是：對象是否值得你學習的人，只有在「學習」的前提之下，老天爺那一關才通得過。更重要的危險是：能否「把持得住」，一直維持在只是「心靈外遇」。一旦破功，就算配偶不知情，那還是錯了，因爲已經「犯法」了。既然犯法，因果就更不用說了。

2.沒有逾矩，但卻影響了家庭，這個簡單，只要計算一下當事人「失職」的那一部分因果就成了。

3.還是沒有逾矩，但是配偶知道了。認眞地想想，怎麼有可能不影響家庭呢？這時候，老天爺眞的是「淸官難斷家務事」了。話說回來，如果男女雙方，就只是「純」學習、「純」成長，只是配偶吃醋了。換個角度想一想，配偶會吃醋，代表他（她）還是在乎妳（你）的，當然也有的人想法是：「我自己可以出軌，但是配偶不行，因爲面子掛不住。」這時候，老天爺就會看看有問題的這一對是哪裡出了問題，是誰的問題。這時候就不是一個公式可以套用的。

4.如果一開始不是以「學習、成長」爲前提，而是其他的因素，例如貪圖對方名利、美色，或想要利用關係等等，那麼就算只是心靈外遇而沒有肉體外遇，但在老天爺那一關是絕對過不了的。

有恩報恩

來報恩的老公

梵亞鈴

問婚姻

在過去世，我是這一世先生的伯母。伯母不忍心這個小孩因爲父母雙亡而缺乏照顧，因此就把他當作親生的子女般照顧。直到小孩長大，伯母都沒有告訴這孩子，其實她並不是他的親生母親。

＊印證與迴響

老師說那一世的伯母並沒有阻礙孩子的成長，所以我的老公是來報恩的。難怪！有時感覺我們的關係好像是大人在跟小孩講話，有時也覺得他好孩子氣哦！平常先生對我眞是好，常說很喜歡跟我在一起的感覺，尤其好喜歡抱著我；常常坐在我身邊了，還說好想我。在我不知因果前，都覺得有這麼「嚴重」嗎？

在交往時，我倆曾合照，我發現我竟然比他大一號，好像我是媽媽，他是小孩似的。結婚後，我對他講話時，也有些許媽媽似的嘮叨，尤其是先生對小孩子很兇時，我心理就很不舒服，於是就會私下請他對小朋友不要這麼兇。還有很多很多的事，包括他的工作方面，我也都會像大人在教小孩一樣跟他說道理。還記得有一次他吃醋了，我卻覺得這又沒什麼，還認爲他怎麼這麼孩子氣啊。

＊Linda

這是一個「報恩」的因果故事，彼此角色的安排往往透露著「智慧的考題」在其中。如果因果的當事人還是如過去世的長輩與晚輩的關係（例如母子，或是父女），那麼一個是有心報恩者，一個是慈悲的受恩者，彼此之間完成報恩的因果就太簡單了。因此有心的老天爺往往會在角色的安排上面稍加更動，然後「提前測試」，看看過去世的施恩者（債權人）能否通過「智慧題」的考驗。

通常我們的習性與態度會隨著輪迴轉世而帶到這一世，當因果故事中雙方的當事人看到彼此時，他們的潛意識裡就會記憶起過去世的種種，並且與這一世現實的狀況相混雜。當這兩種思維摻雜在一起時，一般而言，大部分的人都會依當時的需要而選擇「對自己有利」的某一個角色去扮演。

在這個因果故事中，當先生需要有人安慰他時，他眼中的太太就是過去世的伯母（媽媽），而他自己就是那個想要博取媽媽安慰與關懷的「孩子」。當先生要表達不滿的意見時，他就會表現出這一世他是「先生」的角色與姿態。當太太不滿意先生的所作所爲時，太太就會選擇過去世伯母的角色，表現出媽媽對小孩的態度與說話的語氣。

夫妻關係是平輩的對等關係，需要彼此尊重，彼此體諒，才能牽手走下去。在這對夫妻之間最重要的問題是彼此的「態度」，「態度」決定一切。每個人都需要被別人讚美、推崇、尊敬，夫妻之間並沒有尊卑之分，彼此是夥伴關係。當我們需要對方幫忙時，我們應該要站在較低的位子。例如太太希望先生幫忙做家事時，太太需要以妻子感性撒嬌的方式來要求，千萬不可以用過去世媽媽教訓小孩的口氣與態度來說話，否則一場家庭戰爭就會爆發。先生在面對責任時，應該以一家之主的態度來承擔這一切困難與挑戰，不應該以過去世小孩子的態度來逃避或推諉責任。這樣調整彼此的眼光水平與心態，或許夫妻之間會走得更貼心一些，也才能考試過關而跳級升等。

梁祝交響曲

Lily

問夫妻因果

在過去世裡，我先生是男的，而我是女的，我們是同村人，一起到外地讀書。同行的還有另外兩位同村莊的姑娘，我們都是女扮男裝去讀書。只有我先生知道我們三位姑娘女扮男裝，其他的同學並不知情。我們三人由於個子小，又常聚在一起，因此常被其他同學欺負，笑我們娘娘腔、同性戀。我先生為了幫助我們、保護我們，也常被取笑，笑和我們三人一樣，都是娘娘腔、同性戀，但是他並沒有因此而說出我們三人是女扮男裝的秘密。這輩子我是代表這三個女生來「報恩」的，因為是三個人的代表，所以報恩的力道很強。

*印證與迴響

在這一世裡，我公公並沒有受過教育，而婆婆也只有國小畢業而已，加上家境不好，所以我先生從小就是靠獎學金補貼自己的學費。他很會讀書，高中念雄中，大學念清大。從大二開始，他就打工負責自己全部的學費和生活費，念研究所時，更兼了五個差。

先生的小學老師就曾問過我婆婆：「請問您平常是如何教他的呢？爲何他的字可以這麼工整又漂亮？」婆婆回答說：「我們賺錢都沒時間了，哪有辦法教孩子？」先生求學的過程相當順利，他是一路念到研究所畢業。我呢？從小補習補到大，高中勉強擠上北聯，大學則是重考一次。我大四時認識了我先生，當時他已經研究所畢業了。雖然先生學理工，但是他的中文造詣相當好，沒事就喜歡吟詩誦詞，連國中課文中的詩詞他都還能背誦。

我先生是南部客家村人，家裡務農，既保守又傳統。婚後，我常常被婆婆罵。婆婆的嗓門很大，每次罵人的聲音大概整條街都聽得見。但先生總是會幫我，所以我婆婆覺得先生很不孝。小姑也覺得他哥哥不像客家人，很護「老婆」。我先生則認爲他是護

「理」，誰有道理他就護誰。不過，私底下他也常向我抱怨說：「每次都是因爲妳，我才會被罵。」而我也覺得很冤枉，因爲我並沒有要他幫我出頭。每當婆婆在罵我時，若被他聽見，他就會忍不住跑去和婆婆理論。

到今天結婚已經六年了，婆婆老了，身體又不好，我常常要載她到大醫院看醫生。伶姬老師曾說過，我跟婆婆之間是因爲溝通出了問題，所以每次她對我不滿時，我就會很有耐心解釋原因給她聽，婆媳之間的關係因此改善了許多。如今，回頭想想，想到這六年來所吃的苦頭，仍不免心有餘悸。

記得在還沒有參加座談會前，先生和我曾經帶著孩子去看卡通版的「梁祝」。可能是劇情裡有太多馬文才欺負梁祝的畫面，我只覺得嘴唇發白，身體很不舒服。出了戲院後，居然發現身體一向強壯的先生，居然也臉色慘白……。我們還爲此下了個結論——這部卡通片太難看了。

問完因果後，我嚇出一身冷汗，因爲那一世裡，先生並沒有說出我們女扮男裝的秘密，所以我們能夠順利讀書。這一世裡，我先生也力排衆議，讓我得以留職停薪，專心去讀研究所。當我告訴先生我是來報恩時，他卻笑著回說：「妳是來報仇的吧！」

＊伶姬

因果輪迴轉世的模式通常是以「獲利最多」的人為代表。如果三人的受恩程度類似，這時就採取「自願」的方式，或者是由「抽籤」來決定人選。在這個故事中，另外兩個女生未出現，代表她們並未轉世成為「家人」的關係，但是有可能轉世成為朋友，當然也有可能並未同時來轉世。如果「欠債」只走到「欠情」，那麼就很容易走到離婚的地步。但是，「報恩情」就不能這麼說了。此外，梁兄保護祝妹，似乎又有一點點牽涉到「報恩命」的範圍。

應該注意的重點是，通常在「報恩」的因果故事裡，當時的「施恩者」往往還是帶著那時候的習性來轉世，所以在這一世裡，他們並不容易感受得到「受恩者」的報恩，反倒覺得自己才像是個「受恩者」或「債務人」。套句簡單的話講：「好心人還是好心人，不會因為為了讓對方報恩而變得『壞心』。」再想想，既然「施恩者」在過去世是好心人，那麼在這一世裡大概也沒有什麼大不了的事需要「受恩者」為他出力。

這樣的「報恩」模式，對「施恩者」又有什麼「好處」呢？請看《滿天星的故事》第二篇〈我來轉世帶有什麼任務呢？〉以及第三篇〈加考智慧題〉。

旅客與售票員

謝怡慧

問父母因果

過去世是在一個冬天的外國場景，大家都穿著厚呢大衣。父親在火車站上班，是公家機關的男售票員，母親則是奔波於各大都會做生意的富商。

富商拿著大鈔買車票，這種情形並不多見，所以售票服務人員特別抬頭看了買票者一眼。售票員把車票和該找給對方的餘錢一併放在櫃台上，那是一筆爲數不少的錢，可是匆忙的富商拿了車票卻忘了拿走錢。後面的旅客上前買票時，指稱窗口有一大筆錢，售票員因爲忙著繼續賣票給排著很長隊伍的旅客，所以沒來得及把走掉的富商叫回。有心的售票服務人員爲了還錢，每天賣票的時候，總是從小小的窗口抬起頭來看一眼買票的旅客，希望可以早日把錢還給那位富商。然而有錢富商，卻沒有再出現過。

*印證與迴響

現在世，爸媽的長相也像外國人，尤其是媽媽。出國玩時，大家都猜不出他們是從哪裡來的，因爲看起來根本就不像台灣人。

父親這輩子還是公家機關人員，而且是超級一板一眼的警察。老師說，因爲他每天抬頭看窗口認人的原因，所以這輩子很擅長「看人」，而且他一定不會貪污。是的，爸爸寧可自己吃虧，也絕不會貪污或貪小便宜，他連人家拿來拜託的罰單都不理，但是若對方是司法方面的問題，他就會幫忙。更妙的是，爸爸這輩子眞的是媽媽的大剋星——媽媽最恨爸爸管她用錢的態度。從小，媽媽就只跟我抱怨爸爸管她用錢這檔事。

媽媽從國小就開始經手無數的錢，因爲外公當時是「山霸王」，家裡的錢是用布袋裝的。媽媽出門在外都不用帶錢，只要我媽簽個字，就可以到外公家裡請款。當年，爸爸的家庭只是辛苦的務農之家，而公務人員在那個年代又是最不吃香的職業，大家都不可置信，爲什麼媽媽會嫁給爸爸？「嫁雞隨雞」，現在他們兩人的感情是「越老越好」。

這當中雖然經歷過很多事件，不過說穿了，「金錢價值觀」的不同是他們兩個口角的最大原因。不是沒有錢，也不是多吝嗇，但是我爸「非常非常嚴格教育」我媽的金錢觀。哈哈！我爸肯定是被派來盯我媽的！告訴媽媽這個因果故事之後，她一下子就接受了，而且過去對於用錢態度的種種不滿，似乎得到了一種救贖與出口。這麼多年來解不開的心結，轉個念就可以放下，或許，「冤家」正是來教我們這輩子該學會的功課。

老師所說的因果畫面很簡單，可是不僅僅只有印證到父母兩人的因果關係，仔細想想，連他們的人格特質與疾病都可以印證出來。

在個人的人格特質上，媽媽長得比較高大，作風男性化，喜歡男性的事物，可是又很會下廚、做家事，手藝很好。媽媽活潑外向，面面俱到，有群衆魅力，也有商業頭腦，但是大概是先天限制，所以，只有嗅得到商機，比較難在工作上展現，這輩子結婚後幾乎都是全職的家庭主婦。很神奇的是，雖然爸爸很嚴格控管錢，但是土地、汽車、銀行往來幾乎都是媽媽的名字，媽媽這世還是「有錢人」。我想除了其他該學的事物，這輩子老天爺還要媽媽學會「管理錢、照顧錢」。這世媽媽身上常出現的疾病多是骨傷，就像一個長期奔波的人，臀部跟大腿的骨頭、肌肉部分特別容易不適。

爸爸的人格特質就像是因果故事中所描述的「坐在車站賣票窗口裡的售票員」，常常把自己擺在小框框裡，看盡人間。老師說過去世能當公務人員代表這個人還不錯。的確，爸爸品行端正，除了個性較閉塞，有時憤世嫉俗，喝點小酒，平時則喜歡待在家裡。而警察的工作也像售票員一樣，必須面對許多來來往往的人。退休以後，閉塞的個性時而出現，可是因爲媽媽一直把爸爸往外拉，提升爸爸的人際關係，所以爸爸的改變也不少，兩人在內外拉鋸中慢慢取得平衡。過去世一直在「努力看人找人」，這一世爸爸的眼睛特別大，但是會退休的原因，也是因爲眼睛出現病變。爸爸說，他看東西就像有柵欄紋路一般。想想，像不像售票員不停往外看窗口的感覺？

而爸爸的因果病還有一樣，這是我歸納因果故事判斷而來的，是什麼呢？讀者們猜得出來嗎？哈哈！就是非常嚴重的痔瘡。這輩子身爲警察的他滿常活動的，所以我一直想不通，爲什麼老爸從年紀輕輕的時候就有嚴重的痔瘡。了解因果以後，眞是要奉勸上班族以及常坐椅子工作的人們，久坐後要起來運動運動，否則，後果如何呢？帶到下輩子囉！

＊後記

我跟母親的因果也來自於我撿了他掉的一大筆錢，據老師調到的資料是：我住在荒郊野外的山上，在路上撿到一包錢，就在原地等了幾天。後來，只要有空我也常常在那個地方等待，看看有沒有人回來找錢。因爲一直沒有人回來找錢，所以我就把錢藏到床鋪底下，到了臨終的時候還特別交代兒子，如果有人回來找錢，千萬要記得把錢還給人家。然而那一世母親的習性依然和父親那一世的因果故事一樣，未曾回頭尋找他失落的錢袋。老師說，因爲那一世的媽媽太有錢了。

「妳不需要給媽媽錢吧？」老師問我。

「不需要！媽媽這輩子從來不跟我拿錢，甚至還不時資助我。」我說。

「因爲那一世的媽媽看到了黑盒子之後，說了一句怎麼有人這麼『憨』啊！」

其實媽媽才「憨」，她這輩子對我的好，完全不求回報。感謝老天爺把我交給爸爸媽媽照顧，讓我們結這世的善緣，他們這輩子這麼疼惜我，親恩難以回報，尤其在了解老天爺的黑盒子之後，即使再難回報，也不敢等待來世再報！感謝老天爺的慈悲，讓我及早認識祂！

給愛麗絲

郭耀隆

問夫妻因果

在那一世裡，我母親是一位既乖巧又漂亮的女孩，因為父親過世，家裡沒錢辦理喪事，於是決定賣身葬父。某員外知道了，就向員外夫人要求把她買回來當丫鬟（員外是入贅的，所以有權有錢的是夫人）。雖然那時候府裡並不缺丫鬟，不過夫人還是同意了，並且很爽快的拿錢給員外去處理。伶姬說，母親是來報恩的，而且還是一次報兩個人（一是報答員外的好心，二是報答員外夫人的同意與出資）。

日子久了，員外漸漸愛上了丫鬟，不過夫人很會吃醋，而且脾氣不好又霸道。雖然丫鬟知道員外愛上她，丫鬟心裡也很喜歡員外，但丫鬟是一位明理的女孩。她覺得當初是夫人同意並出錢幫助她的，她實在不應該破壞員外及夫人的感情，於是極力排拒員外的愛意。員外因爲在家中沒有什麼地位，再加上自己愛慕的丫鬟排拒他的感情，如此的雙重壓力之下，最後因爲憂鬱而自殺而亡。

員外死後，夫人的餘生都是由丫鬟親自照料，直到過世。又因爲員外及夫人在那一世裡並沒有傳後，所以夫人將死後的財產全部留給貼身丫鬟，而丫鬟在那一世裡沒有結婚，也沒有小孩。

員外夫人就是我母親這一世的婆婆，員外就是我母親的先生（即我父親）。

＊印證與迴響

母親是這麼說的：自從我嫁入夫家之後，不知爲什麼婆婆對我總是充滿了敵意？只要先生在家，婆婆就會想盡辦法影響先生來對我不好，搬弄一些是非搞得我和先生在生活上的關係緊張。夫妻相處難免會有口角爭執，奇怪的是，婆婆看在眼裡，不當和事佬就算了，臉上還露出得意的笑容……。幸虧先生常年走船不在家，否則早就婚變了。

但也因爲先生常年不在家，婆婆對我的「凌辱」更加嚴重，例子多到不勝枚舉，每每讓我覺得很不受尊重。小姑結婚時，親戚與鄰居都有喜餅，唯獨就我娘家連一口都沒有。小孩（內孫）生病彷彿與她無關，連幫忙照顧一下都做不到，讓我一個弱女子單打獨鬥。電話也偷聽，房間若沒鎖，她就會闖進來翻東翻西，平常生活上的一舉一動也都暗中監視，等到我先生回來再向我先生打報告。

她還進一步影響她的幾個女兒、女婿以及另一個兒子（我先生的弟弟）來對付我，更以長輩之尊陷我於不義。有許多事情實在無法用筆墨形容……，親友之間也因爲受婆婆的影響而對我產生極大的誤會，令我百口莫辯，這眞是天大的冤枉！記得有一次我在家門口擦拭車子，小姑騎車過來氣憤地指著我的鼻子說：「人在做，天在看。看妳的小孩以後怎麼對待妳！」我聽得莫名其妙，心裡想：「我行的正、做的直，就隨它去吧！」

幸好我先生是很理性的人，他雖聽了母親、姊弟妹等人對我的不實評價，可是他靜靜的觀察，客觀的判斷，讓我得以洗脫冤屈，這也是我最感到安慰與最想要謝謝他的地方。另外在我碰到困難時，總能遇到許多智慧與善良的長輩及朋友，讓我得以向他們請益。他們教導我、幫助我、鼓勵我、安慰我……，一再帶領我往好的方面去思考，幫我度過無數次的人生黑暗期。

能活著走到今天這個地步，我覺得做人眞的不容易啊！眞的要忍耐！再忍耐啊！於是我化悲憤爲力量，全心全意教育兩個兒子，雖然往事不堪回首，但幸虧兒子們乖巧又上進，塡補了我前半生不愉快的過去，希望未來在兒女們各自擁有一片天之後，我們夫妻能無後顧之憂的安享晚年。

＊後記

我必須先承認，要不是想要改變些什麼，我不會預約民國九十四年十二月三日下午二時三十分伶姬老師在高雄玫瑰園舉辦的「一對一問事服務」。以上的故事是改編自母親大人的手稿，本文的完成，除了要感謝當事人的無私勇氣外，特別要感謝內人的鼎力相助，謝謝你們！

我母親認爲這世的婆婆、先生及她的相處模式，與老師所調出來的因果故事完全一模一樣。

母親寫道：「婆婆在這世對我的所作所爲讓我此生永難釋懷，從嫁入夫家至她去世，整整三十年的日子，種種的心酸……，苦在心裡，而精神上的折磨非筆墨所能形容。我常自喻是台灣的阿信，但是這一切都熬過來了。在這三十年當中，我善待她的態度和她凌辱我的舉止，成了明顯的強烈對比。如今她過世了，而我還活著，現在的我比以前更有自信。

「我覺得老天爺給我的考驗實在太難了，很慶幸自己還是熬了過來。往後的日子，我想，我會活得更理智、更冷靜，但一定是充滿愛心與希望的。在我的心中，所有的怨恨早已被寬恕取代了。」

老師特別交代，員外是憂鬱自殺身亡的，原因是因爲過去世員外在家中沒有地位（夫人掌權、掌錢又霸道），再加上他所深愛的丫鬟排斥他，所以才會自殺。因此老師特別提醒母親應盡量讓父親有「一家之主」的感覺，家裡的事情盡量讓父親作主。另外，老師還希望母親能夠和常年在海外作業的父親「談戀愛」，除了讓他有一家人的歸屬感之外，還要讓父親深刻地體會到母親對他的「愛」，如此，才能夠幫助父親走出過去世心中的陰影。否則同樣的情形若再重複，父親很可能又會走上自殺一途，而且，往後的這兩年是一個關鍵期。

當時伶姬老師對我母親說：「妳是一個很明理的人，在過去世，妳與員外其實也都互相喜歡對方，所以在這一世裡，老天爺希望能夠藉由妳的幫助讓他走出自殺的後遺症。雖然他的自殺並不能怪妳，但既然彼此相愛，爲什麼不往好的結局繼續前進呢？所以囉，有空就飛（ㄅㄟ）過去陪他吧！別忘了！要用撒嬌、溫柔的方式，妳絕對做得到的……。」（老天爺眞是有心啊！）

＊伶姬

終於等到這一篇因果故事了。爲什麼我要請「郭先生」寫出來呢？因爲我在他母親的臉上，看到了那種屬於「阿信」的固執、堅毅、信念……與期望。就是那句話：「人在做，天在看。」

前世果，今世因

醒

問夫妻關係

我是已婚婦女，有次到廟裡上香，發現有個才出生不久的小男嬰在供桌下。當時天有點冷，於是我把小嬰兒緊緊抱在懷裡，呆在原地等待他的父母出現。等了好久，都沒有人來認領；問廟裡的其他人，也都無人知曉；於是我抱著孩子到衙門報案……。從撿到小男嬰的那一刻起，我就一直把他當成自己的寶貝在疼愛。後來，過了期限，還是不見小男嬰的父母，於是我高高興興地正式成了他的「娘」。

在那一世裡，雖然我們夫妻倆已有一對龍鳳胎兒女，但年紀也只比小男嬰大一歲多而已。對這個遭父母遺棄的小男嬰，夫妻倆都覺得非常不捨，爲此，一家人搬到另一個村莊居住，爲的就是要讓小男嬰不被知情的村人取笑，而能正常成長。那一世，小男嬰都一直快樂的與我們生活在一起，從不知道自己的身世。

＊印證與迴響

老公是來報恩的，是嗎？老師常說大部分的男女朋友在婚前都相處得很好，也很相愛，如果不相愛或者處不好，怎麼會談論婚嫁呢？但是，一句話——眞相總在結婚後。婚前，他對我眞的很好；婚後？因一些誤解而導致裂痕擴大，幾經用書信表達都無疾而終，終於，我心灰意冷了。

就在生老大之前，我打了電話找前男友，因爲想要向他借一套古典音樂的CD給小孩聽（那是我送給他的禮物）。一開始只是用電話聯絡，慢慢地就改用e-mail，就在「眉兒」的往返中，我常跟他提起我和先生的一些私事，久了，沒想到我竟然成了背叛先生的女人，而且與對方有個小孩。

前男友是我的初戀，我對他用情至深。分手後，有段時間竟又像死灰復燃似的，但過沒多久又停了。在與先生交往的那段日子，我似乎把他給遺忘了，因爲有個好男人寵我、疼我、愛我，塡補了我心中的那塊缺口。

外遇的情況持續了五年，後來被先生發現了，先生問我：「小孩是他的嗎？」他說自懷孕起，就曾經懷疑孩子是不是他的？雖說孩子的爸是誰，做母親的應該都很清楚，但是我竟然糊塗到不確定。後來為解開心中的疑慮，他帶著小孩去做DNA的檢驗。

本來他想成全我們，但是我說不可能，因為對方已婚。我對先生說：「要離婚就離吧！是我對不起你的。」先生想原諒我，對我說：「讓我們重新開始！」但是看我放不下對方，先生很生氣，於是拿了離婚協意書回來。我想了許多，萬一先生因此而意志消沉，一蹶不振，那孩子該怎麼辦呢？於是，反過來換我懇求他，求他不要跟我離婚，求他不要離開我，說什麼我都不會簽字的。

檢驗結果出來了，真是令人傷心、沮喪的答案（我心裡很希望孩子是我先生的）。接下來的日子，他工作變得不正常，三天兩頭請假，根本無心工作，回到家就常常一個人在陽台外抽煙，或哭泣或嘆氣或搖頭，看得我好難過、好心痛。我想安慰他，卻惹得兩個大人哭得更嚴重，常忘了孩子就在面前。他說，孩子都叫他爸爸這麼多年了，他不會不要孩子。看著他如此的脆弱，我知道我傷害他太深太重了。這個債不知我是否還得起。

先生到底還是很愛我，叫我問問前男友，問他是否也一樣愛我？如果是，他願意成全我們。因爲先生覺得我還是愛著前男友，說不定男友也是深愛著我，只是彼此各有家庭，所以才不得不放棄自己的所愛。於是我寫信問前男友：「你能在我和老婆之間做個選擇嗎？」他回覆：「由妳自己處理，能離婚就快離婚，因爲私德，所以我不便介入。」

那時候我還傻傻地相信他，直到後來我跟他要錢，卻發現他支支吾吾，根本就拿不出錢來，還一拖再拖，說要請朋友代匯。因爲外遇的這段期間，他聲稱人不在台灣，而是在大陸工作（以前他是國小教師，後來聽信他所言，以爲他已經沒當老師而改做其他行業，並且對理財很行。因此，我曾經拿了廿萬請他做信託投資）。後來我先生幫忙調查，才發現那個時候的他根本就還是老師。我恍然大悟——難道我眞的被他騙了嗎？

老公提出告訴，「妨害家庭」官司開庭時，我當場全部都承認，因此他被起訴。不意外的，他老婆也告我，但卻在庭上要我們撤銷告訴。可能嗎？原本是不想撤銷告訴的，卻突然冒出一封分手後的信，搞得我手慌腳亂，最後，我竟然同意撤銷。那封信至今我仍搞不淸楚到底是眞是假？事務官解釋說道：「那種行爲不構成詐欺，只是吹牛而已，更何況他也有誠意還你錢，並不是惡意的。」（我們是在開妨害家庭官司時，律師才補遞詐欺狀，沒想到當晚就收到他把缺額匯足了。）

事情一波三折，原以為我承認一切罪行，他也難逃法網（教育界存有這樣的敗類，眞是諷刺），沒想到都被他躲過了。我們回家向家裡的神明、祖先祈求，我先認錯，內心顫抖，思緒混亂，然後再將心底的疑問提出來，也擲筊請教，終於心中有了一股安定的力量。

我知道我欠先生及對方太太千千萬萬個對不起，內心深處一直很想寫信或打電話跟她說聲對不起！至於我，最後才知道，當我才開始是他的女朋友時，他就已經是個腳踏兩條船的人了。是我自己的愚癡將自己深埋在鼓裡。既已做錯，一切的心念、作為都交由老天爺審判。回首來時路已不堪，如此的「告解」，是希望能夠讓讀者們警惕，千萬別做害人害己的事，知法也許重要，但守法更重要。

這段時間對我們來說眞是煎熬，但我們之前的誤解與誤會，也在這次坦然的面對面省思中，全部都說開了，感情也慢慢的回到婚前，他對我更加的呵護疼愛了。至於先生對兒子的種種更無可挑剔。也許吧！也許潛意識的先生也在報答過去世我對他的養育之恩。

縱使先生眞的是來報恩，但是，再怎麼說，這一世的外遇我就是不對！更何況，過去世的我只是疼愛一個遭人遺棄的小嬰孩，而這這一世的他，卻是用最大的愛心與肚量去接受背叛自己的老婆與另一個男人生下的孩子。老師常說：「心量有多大，世界就有多大。」我在先生的身上找到了。

因爲外遇，自己的精神狀況曾經一度很差，如今，外遇的事已告一段落，心中的大塊石頭也放下了。我很努力的盡量彌補對先生的虧欠，我相信這世他眞的是來報恩的，可是我卻放縱自己走錯那麼大的一步路。這一世所造成的惡因，未來世該怎麼還呢？我都坦然接受！

小小學生與老老師

謝怡慧

問夫妻關係

老師說：「你們的故事很簡單，你們是師生關係，你是小小學生，他是老老師，老師贊助你學費。

「在過去世，你先生是流亡學生，跟著軍隊來到台灣，他發現回不去大陸，所以當了老師，被政府分發到山區教書。到了山區教書時，因爲語言的隔閡無法與當地人溝通，只好活在自己的世界裡。後來因爲沒有結婚，於是就把薪水拿出來幫助山地裡貧窮的小學生繳學費。你是平地人，因家境貧窮而搬到山上居住，而這一世妳的兩個兒子則是當時的山地人來轉世的。你們母子三人都是在過去世接受妳先生資助的小學生，不過並不是同班同學，而是不同屆的學生，所以，妳跟兩個兒子都是來報恩的。

「這些『流亡學生』，因爲政府『十萬青年十萬軍』的號召，遠離家園來到了台灣這塊陌生的土地。認眞的想想看，如果沒有他們的加入，也許吧！也許台灣的文盲人口……。能不報恩嗎？妳是來報恩的，這種婚姻不會有什麼大問題，只是……，老老師對小小學生，妳根本就管不了他；那一世他在山上又沒有結婚，所以，他對妳不可能浪漫的。」

老師還說：「過去世妳很喜歡看書，但是光線不佳，所以眼睛受損。因爲你是平地人，很少運動，搬到山上之後，學校離家很遠，每天早出晚歸又跋山涉水的，所以受了風寒，肝不好，腳也不太好。尤其長時間暴露在酷寒的環境，所以連頭部也出了問題。因此，妳要特別注意『保暖』。」

＊印證與迴響

聽完老師解說的因果，心中覺得……，實在是……好氣又好笑！老師所剖析的都是我現在婚姻的狀況。總覺得，老公年紀輕輕，現年三十六歲，生在台灣人的家庭，可是呢？氣質就像一個「老芋仔」——外省老伯伯。他是個好人，但是不善融入人群，也不懂得跟我溝通，因爲他上輩子沒有結婚，又很快來投胎轉世。而我是個小小學生，老老師看到我就像看到小孫子，看到兒子也像看到孫子，自然溝通不良囉。

除了溝通不良，局外人大概也很難想像我對老公最大的不滿是因爲買房子。老公一心一意要買棟大房子，可是我卻恨死那棟房子。房子已經買了一年多，我住在房子裡的天數大概不到二十天，期間都是老公一個人住。我以照顧小孩的名義一直住在娘家，強烈地排斥住進新房子，四歲的大兒子也用哭鬧抵制進住。一想到要搬進去，我就悶到不行，但我並不是不願意跟老公一起住，而是爲了這房子我到處借了一百多萬。唉！

能掛到一對一問事完全出乎我的意料，老天爺眞的很慈悲，可憐我跟老公。因爲我們夫妻倆的溝通模式很差、很差，本來安排好要「報恩」的，差點就變成「報仇」。原本的甜蜜隨著生活的矛盾，再加上我這個小小學生實在不懂得老老師的心情，於是差點就走上悽慘的絕路。

老師建議我要幫助「老老師」治療他靈魂的傷痛。所以，要讓他回家鄉，完成他的心願。嗯，原本困難重重的人生突然變得那麼簡單，我才深刻感受到要聆聽自己內在的聲音！我的內在一直告訴我「不要買房子！」現在才知道反對的原因——原來「台灣」

對老公的靈魂而言是一個外地，我們要一起回到他的故鄉才對。可是小小學生卻因爲不敢反抗「老師」的想法，於是強迫自己配合老師；而老師也因爲想給妻兒一個家，而做出這個可能將令他後悔一輩子的決定。如今，我終於知道每天的憂鬱感從何而來了，感謝老天爺悲憫小小學生強烈的不安與痛苦，指點一條明路。

老公年輕時曾經到大陸工作過幾年。在對岸，他如魚得水。他曾說：「在大陸我覺得好平靜，晚上睡覺也不會一直作夢。」他在台灣的日子，晚上睡覺都很累，因爲一直在作夢。至於爲什麼要回台灣？我也不是很淸楚。據說老公在大陸時，每天都要打電話回台灣向媽媽請安。我老公是很孝順的人，他可以自己沒飯吃，但一定會拿錢給爸媽花用。

這一世我的身體狀況又如何呢？目前近視八百度，腳出過車禍，常風濕，B型肝炎帶原者（其他家人無此病症）。至於全身暴露在酷寒的環境：我今生很容易感冒，好像時常在感冒，有過敏性鼻炎、鼻黏膜腫脹、鼻息肉，肺也很沒力，我的指甲很脆弱，一摸就斷。更特別的是，我身上連一根汗毛都沒有，這個現象是小小學三年級升四年級的暑假發現的。（難道我是那個年紀從平地搬到山上的嗎？）

一雙兒子的人格特質是——哈哈樂。老師說：「只有『哈哈樂』這三個字，不太會出問題。但因果故事中，他們曾經是山地人，原住民的特性就是比較及時行樂，所以，妳要提早教他們學會規劃人生。」

我會認眞的！摒除掉我很憂愁的日子，我常常跟兒子玩得很開心，老師說：「因爲妳也是小小學生。」哈哈！我們眞的常常騎著摩托車到處去玩，而且大兒子對於大自然的事物非常喜好，小兒子一歲半也很喜歡歌舞，對音樂節奏很敏感，他們都很外向、愛玩，我現在更配合一起玩了。雖然曾經被老大的「番」煩得要命，但是知道因果之後，我改用另一種角度去欣賞他們。各位父母親，如果你們的小孩很特別，不妨選擇用其他不同的角度欣賞他們，也許會有另一片晴空。

＊網友小鳳回應

過去世是老師，沒有結婚又思念祖國家鄉，雖然身在台灣，心卻在對岸。也由於是單身，錢財乃身外之物，看到自己的學生（小孩）沒有錢讀書，心想倒不如把錢用來栽培「人才」。他這世來，我想，應該是想一解「思鄉情結」吧！但爲何不轉世爲大陸人呢？因爲妳和兩個兒子啊！所以妳一定要幫助他，偶爾帶他回「祖國」走走，多少化解一些他那好濃好濃的思鄉情愁……。

妳與小孩是來報恩的，但由於都是山地小學生，沒見過什麼大世面，所以不適宜轉世到不熟悉的環境「報恩」。先生來台時已經是大人了，心智較成熟，適應力也行，因此你們一家四口才會在台灣這塊土地上再相會。至於兩個孩子和妳，因為妳曾經在平地待過，所以又比山地小朋友多了一些閱歷，也許老天爺因此而「選擇」由妳當媽媽。

我認為妳應該告訴先生一些事（不見得要直接告訴他因果故事，也許利用旁敲側擊的方式告訴他），除了幫助他解除思鄉情結外，還要協助他一起共修「夫妻關」。雖然妳是來報恩的，但夫妻之間仍存在著過去世輩份、年紀，與地域的「代溝」，因此妳要善用智慧。在過去世妳是愛看書的人，我由妳的文筆見識到一股「清流」，也了解妳的邏輯及組織能力還不錯，因此建議妳要善用智慧，將它施行於「口」。有時候筆墨好的人不見得會說話，如果妳能適時的、感性的說些「安慰」的話讓先生接受，我相信，你們夫妻的關係應該不會是代溝，而是「相互敬重與珍惜」。

三世情結

美美

問一家人的關係

姐姐跟媽媽的因果：因果畫面中，媽媽是後母，姐姐是前妻所生的女兒，兩個人在吵架。後母虐待前妻的女兒，要她跪著，逼她煮飯，而前妻所生的女兒也不服輸，想要站起來回打後母。後來有一天，前妻的女兒把後母所有的錢偷走了，害得後母變成乞丐。

我和爸爸的因果：因果畫面中，老師看到我也出現在姐姐與媽媽因果（後母虐待前妻之女）的那一世。那一世，我跟姐姐是同學，我是很窮人家的女兒，根本沒錢上學。那一世姐姐的父親是個很好的人，也很有錢，於是贊助學費供我念了兩年的書，因此他對我有恩。後來他過世了，我被家人賣去當別人家的媳婦。

夫家的人，家境一般，我嫁進去是爲了要照顧一位小我十歲左右且臥病在床的小丈夫。婚後不久，公公婆婆相繼過世，我依然很守本份地繼續照顧那癱瘓一輩子的小丈夫達十五年之久。老師說我對小丈夫是又愛又恨，雖然心中有怨，可是卻又不忍丟下他一走了之。然而這個生病的小丈夫對我也是……，他覺得很內疚，很對不起我。小丈夫死了之後，我就出家爲尼，兩年後我也死了。這個小丈夫就是我今世又愛、又恨、又放不下的爸爸。

媽媽跟爸爸的因果：爸媽他們倆的因果關係就發生在媽媽是後母的「上」一世。媽媽和爸爸是一對恩愛夫妻，媽媽在懷孕時，爸爸突然接到兵役通知單，只好乖乖的去當兵。那一世因交通不便，爸爸又常調東調西的，於是夫妻倆斷了音訊。媽媽因此而怨恨爸爸，以爲爸爸是因爲變心所以才會故意不要她，因此自殺身亡。直到爸爸退役返家，才知道媽媽早已爲他而死了。傷心不已的爸爸終生不再續弦，一個人守在媽媽墓旁度過餘年。

姐姐跟爸爸的因果：姐姐和爸爸之間的因果關係是發生在媽媽自殺的「上」一世。

姐姐跟爸爸也是對恩愛夫妻，還育有一個小孩。有一天外出時，妻子懷中抱著小孩坐在馬車上，而先生下車跟朋友聊天，突然馬匹驚動了一下，整輛馬車就在毫無預警的狀況下翻落山崖。結果，妻子（姐姐）和小孩當場死亡，先生（爸爸）非常難過。

老師說，爸爸並未欠任何人，只是他對我們有心結，內疚很深，所以這一世是來補償的。而姐姐跟媽媽反而要特別注意一下，因爲她們才是要來學習的。

＊印證與迴響

「我幹嘛要投胎做人呢？」這是從我懂事以來不斷重複在問老天爺的話。因爲我一直心不甘情不願的活著，我自問：「我不可能自願的啊！」

及長，我得了憂鬱症，一直想要自殺，並常問自己：「做人怎麼那麼苦啊！」每回想到自殺，就會想到如果我死了，爸爸可能會爲此而活不下去，所以也沒眞的行動過。而實際的生活中，我又不是沒得吃、沒得穿，到底爲什麼會覺得苦呢？說實在的，我的生活還算不錯耶，可我還是弄不淸楚，爲什麼會常常想死。知道我與爸爸的因果後，才了解怪不得我會有憂鬱症，可能是我自己在過去世常怨做人太苦。「做人太苦」的記憶太深了，即便這世的我明明過得還不錯，但過去世無奈的心境依然無法忘懷，還在苦喔！

姐姐和我都很愛爸爸，可是每當我一看到爸爸，又會覺得他很煩，心中會怪他不會照顧自己。不過我跟姐姐不知怎麼的，自小就很怕爸爸會死掉，因此我們常常去寺廟裡拜拜、祈求菩薩保佑他。回想起來，我爸爸什麼都不會，最會的就是賺錢養家人，他很愛給我錢，總要我存起來，只因他怕我將來養不活自己。

至於我跟姐姐，小時候，姐姐還滿疼我的。姐姐有懼高症，又討厭煮飯，每次吃稀飯特別會想吐。她小時候很愛偷媽媽的錢，還叫我別告訴媽媽，長大後，我總覺得姐姐腦袋怎麼沒跟她一起長大似的。現在她有能力賺錢了，但自從爸爸走了後，她人也變了。她不會理財，又很愛亂花錢，就算把錢花在別人身上也無所謂，因此身邊圍了一些騙錢、騙吃的人。每次只要有人說幾句她愛聽的好話，她花錢就花得特別高興，也不管對方是否來騙錢的。她抱著——「只要開心就好」的心態。媽媽的話，她不愛聽；我念她，自然更會覺得煩啦，還叫我別管她的事情。可是她是我姐姐啊，我就是怕她受傷害才念她啊。

而我媽媽則是常常懷疑別人偷她的錢、偷她的東西，她只要找不到東西就會懷疑是被別人偷走的。媽媽對錢看得很重，只要有錢就會有安全感。至於媽媽跟爸爸的關係呢？爸爸做什麼媽媽都認爲不對！媽媽常罵爸爸，好像很討厭他！尤其媽媽的脾氣不太好，直到爸爸過世前，他們兩人一直在吵架中過日子。還記得爸爸臨走前說了一句話，他說：「我對不起妳媽媽！」當時我聽在耳裡，心裡卻想著：「爸，您已經很對得起媽媽啊！您怎會對不起媽媽呢？您也是苦了一輩子來養我們啊！」

再說到媽媽跟姐姐的關係，她們母女倆不知怎的，相處關係不是很好，尤其爸爸過世後，更常爲了錢而吵架。聽了因果故事，我心裡偷笑，因爲我先前也猜到媽媽一定有被人偷過錢的心結。那世前妻所生的女兒一定害後母害得很慘，不然怎會一天到晚懷疑我們偷她東西呢，而且她是常常懷疑喔。我猜想，後母當年虐待前妻的女兒，一定是要她天天煮飯，又只拿稀飯給她塡飽肚子而已，以致讓她對稀飯起了反感。姊姊的那個記憶應該也很深吧，所以姊姊會討厭煮飯，吃稀飯也會想吐。

還有，前妻所生的女兒後來又偷光家裡的錢，我猜她一個人拿著一大把錢，家裡又沒大人，想當然是吃喝玩樂了，因爲她終於可以不受虐待，愛怎樣就怎樣啊。無怪乎姐姐現世會這樣，可能是因爲曾經當過一個小小年紀的暴發戶吧。爸爸這世走後，她得了不少錢，因此，她把過去世花錢的本色又記起來了。姐姐現在的心態是：老娘現在有錢，管你騙錢騙吃的，全都別管我，老娘開心就好。如果要姐姐拿錢給媽媽花用，當然會心不甘情不願囉，可是姐姐又不是鐵石心腸，我稍念一下，她還是會拿錢給媽媽。

對我來說，一家人爲了錢在吵架，有什麼意義呢，都剩下我們母女三人了，眞的要騙錢，給自家人騙錢也只好認了啊，何不好好珍惜還能在一起的日子呢。可是姐姐和媽媽的脾氣都不好，她們倆碰在一起就是吵吵鬧鬧。姐姐老是說，媽媽怎麼那麼偏心，都不願意信任她。

＊後記

我的憂鬱症，在爸爸過世後就覺得更嚴重了。我常掛心那不懂得如何照顧自己的爸爸，也煩心家人總是爲了錢而吵架。眼見姐姐又變了，不再關心家人，我心裡覺得，這一切就是因爲爸爸走了，所以才都變了。爸爸走後，我興起了出家的念頭，可是我又怕光頭，又怕無聊時會因此而不能上網，日子就在這樣想著一大堆有的沒的中度過。這時候，我想起了老師，我也擔心一旦自殺了，下一世還要重來，所以決定找老師問一下我們家的人到底是怎樣了。

見了老師之後，我的心結好像都被解開了，沒有再哭了耶，覺得好奇怪喲，好似上世的自己聽了老師的話，內心就不再苦了耶。我現在的心情坦蕩蕩，當然也擔心爸爸在另一方過得怎樣了，可是比較不像先前那麼執著了。

老師說，今世我還要報恩，報恩對象就是上世提供我念兩年書的人（上世姐姐的爸爸）。我想，早知道如此，那個時候就不念書了，反正也白念了啊，因爲最後還不是被賣了啊。現在還要來報恩，雖說我是心甘情願的啦，可是我也會怕未來不知又會發生什麼劇情。老師還說他很「大男人」，雖然現在尚未出現，可我心裡又想：「不知他長什麼樣子？會不會打我啊？不知他現在在哪裡？怎麼還不出現喔。早還早了業，讓我趕快報恩啊！我要去看我爸爸啊，我趕時間耶……。可是，如果他對我很好，我又會怕自己太早死耶……。無奈!!」

＊網友Lily回應

其實報恩的對象往往是不錯的理想對象，只是如果妳是來報恩錢和報恩情的話，可能妳就無法要求和別人一樣，掌握家中的經濟大權。反而有可能是老公掌握家中經濟，妳的錢要交給他，或者家中大部分的支出是由妳負擔，不過妳一定會甘之如飴，甜蜜付出，因爲來報恩咩。

美美說：嗯嗯，無論他怎樣對我，我都心甘情願。

我現在只擔心姐姐和媽媽，故事已經告訴了她們，聽媽媽口氣，她已經沒再怪爸爸了。至於對姐姐，她也有點覺得上世太壞了，可是我知道叫我媽媽道歉不太可能，我媽媽是心軟嘴巴硬得很的人。姐姐也是這樣，我現在只好在姐姐面前說她做得不對，害得媽媽很慘，就算有什麼錯，她也是我們的媽媽。

在媽媽面前就說她好狠心喔，害姐姐好慘，我還說了一點大話，說上世妳會說她不是妳生的，可是這世她是妳親生的啊，如果妳們還不互相原諒對方，不互相體諒的話，下世再來碰頭就是了。

該做的我都做了，要說的也都說了，要罵的也都罵過了，我還能做些什麼呢？老天爺要我做些什麼呢？好好的日子，我也想好好過啊。有誰愛一直擔心別人受傷害，擔心家裡事情沒做好呢？好想放手，好想讓她們自己去處理，好想……想……家。

伶姬說：就讓那兩個人自己「玩玩」吧！別忘了：「不要阻礙別人的成長。」那兩個人都比妳大，就讓她們自己成長吧！

也許不是她們不理智，而是她們「放不下」，放不下過去世的「習性」。她們放不下過去世，妳呢？依這樣下去，到了下一世，妳也會和她們差不多，因爲，不要說下一世了，光是這一世，妳都無法放下。

當妳無法放下，那就是「心結」。當「心結」存在時，無須欠債也無須報恩，就很容易再一起來「碰頭」，因爲老天爺想多給妳一次機會，看看能不能打開心結。妳願意再陪她們一起來「轉世」嗎？如果願意，就盡量「煩」下去吧！如果不願意，就讓她們自己成長。

多重心結，互相報恩

Tony

問婚姻、人格特質

第一次問事——先生問婚姻：過去世先生是體育老師，而太太則是他的學生。但是這個學生的體育不太好，老師就幫這個學生做特別的輔導，最後學生終於過關了，也因此順利畢業了。

第二次問事——太太問婚姻：過去世，夫妻兩人都是男的，太太是路人甲，先生是路人乙。有一天路人乙經過一個平交道，不小心腳被鐵軌夾住，雖然很努力的想把腳拔起來，但是怎麼樣也拔不起來。眼看著火車就要衝過來了，心中又急又怕，驚惶失措得不知如何是好。這時候另外一位路人甲剛巧路過平交道，趕緊幫忙路人乙，七手八腳地想要將乙的腳拔出鐵軌。可是兩人努力了一陣子，路人乙的腳還是無法拔出，結果路人乙因此被火車衝撞而一命嗚呼。路人甲目睹慘劇，心中懊悔不已。他懊悔自己無法及時幫忙路人乙。那一世，路人甲心中一直耿耿於懷。

第三次問事——先生問人格特質：伶姬老師說看到四個字「逆來順受」，過去世你是前妻生的女兒。爸爸再婚之後，新來的後母不喜歡妳，對妳非常不好。爸爸又常在外地，因此後母就趁機虐待妳，把妳當成小丫鬟使喚，並將所有的家事都留給妳做。雖然受到如此慘酷的對待，但是妳並沒有反抗，只是常常一個人對著鏡子偷偷哭泣。最後，妳終於受不了而上吊自殺，死的時候大約是十七、八歲左右。那個後母就是你這一世的母親。過去世由於爸爸不在而遭到後母虐待，所以這一世當你在家中或面對母親時，就會有種莫名的不安全感，會覺得壓力很大而無法放鬆。

過去世對於別人如此的對待，因為妳採取的態度是逆來順受，所以個性上很容易變成一個爛好人。再加上妳是上吊自殺死亡，所以也容易發生頭痛或後頸痠痛的現象，腎臟也因為害怕而可能會出問題。至於這一世的母親？因為她在過去世虐待前妻的女兒，並害她上吊自殺，所以這是欠命欠一輩子，老天爺往往會在這些債務人的身上動手腳，讓他們在面對債權人時，態度做一百八十度的轉變。因此，你媽媽一定很照顧你，而且還照顧得很辛苦。

＊印證與迴響

關於婚姻：太太說我跟先生的生活並不浪漫，但是我們卻是在認識、交往半年後，就決定結婚了。我們算是閃電結婚，當時嚇壞很多人。提出結婚並堅持快速完成終身大事是先生的決定，我都是處於被動的狀態。認識先生之前我有一位交往了十年的男友，跟男友分手難過了許久，就在這低潮時，我認識了先生，從認識到結婚他都不符合我擇偶的條件。至今我也不懂爲何當時會答應嫁給他？結婚十年來，也有過很多次的爭吵，先生的口才不錯，吵架時我永遠吵不贏他。他從來也不曾在爭吵過後對我說一聲對不起，是個非常高姿態的大男人。

我也曾想過我到底欠他什麼？爲什麼在很多生活細節及習慣上，我改變不了他，只好遷就他。我一直擔心一件事情——「不知道哪一天我先生會突然離我而去？」說了這麼多，其實我也搞不清楚到底誰才是來報恩的？我們彼此對這個家都有付出，也都盡責做個好丈夫、好妻子與父母的角色。婚姻生活實在談不上有什麼特別，也曾經有過離婚的念頭。但是，生活一樣要過，人生該盡的義務與責任，我們還是一起去面對，努力的活在當下。

先生說過去世我曾經是體育老師，雖然我這一世的運動神經不是很好，不過卻非常喜歡看運動節目，甚至到了廢寢忘食的地步。學生時代，有一次期末考的前一天，我熬夜看世界盃足球賽，隔天考試睏得只好趴在桌上睡覺。結婚十年來，跟一般夫妻一樣，我們有爭執，也有恩愛的一面。只是老婆一直擔心一件事情——「不知道哪一天我會突然離她而去！」

關於先生與母親關係：先生說小時候因爲我的體弱多病給母親帶來很多困擾，常常聽長輩說我小時候媽媽帶我特別辛苦。我不只身體不好，還特別會闖禍。很巧的是，這一世我小的時候，爸爸也常常因爲出差而不在家，所以照顧我的責任全落在媽媽的身上。

關於先生的身體狀況：太太說先生的健康方面有點問題，常常會嚴重頭痛，自己吃藥都沒有用，一定要上醫院打針才能止痛，可是他卻又不願意到大醫院去做詳細的檢查。他還有個壞習慣，會不由自主地去咬手指頭的關節，雖然每個手指頭的關節都被他咬爛長繭了，可是他還是改不掉習慣。腎臟雖然沒出過問題，但曾經做過腎臟的超音波檢查，發現腎臟上面有多道疤痕，或許是將來可能會出問題的徵兆吧！

關於個性的部分：先生說我常常被別人說是個「爛好人」。有時候會因爲體諒下屬的辛勞而請他們早點下班休息，可是工作進度明明跟不上，只好要求自己天天加班。搞到後來，有同仁實在看不下去了而主動出手幫忙。爲此，我常被老闆告誡不能心太軟。也曾經因爲應該開除一個喜歡造謠生事的下屬，卻因爲我和他深談過後，知道對方的經濟壓力很大而沒有開除他，最後他還是因爲到處造謠生事失去了工作。雖然我是濫好人，但是我卻沒有辦法相信任何人。我總是覺得別人做什麼事情都是有目的的，所以對別人我總是先採取懷疑的態度。我很習慣壓力，總是往有壓力的地方去，雖然也會有抗壓力不足的狀況，但是別人不太容易看得出來。

雖然伶姬老師說不會再考我自殺的問題，但是我在約十七、八歲的時候就開始抽煙，那時候的想法是抽煙大概二、三十年後會得癌症，所以大概可以在五十歲的時候結束自己的生命，其他的自殺方式我大概沒有勇氣嘗試，這個方式對我來說比較自然一點。

另外，也差不多是在那個時候，我開始不自覺的會咬自己的指關節，咬到幾乎所有的指關節都長了大繭，還是繼續咬，咬到流血。我曾找過陳勝英醫師診治，他說這是「強迫症」。由於我不太能進入催眠狀態而沒有治好。伶姬老師也說因爲我不能夠信任別人，所以不容易進入催眠狀態。

由於這一世母親對我很好，我覺得過去世後母的事情已經沒什麼好介意，反而是過去世受到虐待所造成的精神壓力，導致目前「咬手指關節」對我來說比較困擾。我想如果能夠克制自己對於咬手指頭的依賴，應該就是放下了。

＊後記

網友問：你們的婚姻眞的是「雙重」報恩，彼此都是「受恩者」，也是「施恩者」。

先生答：我跟我太太問老師的時候都是婚後的事情，第一次是我問的，大約兩年多前，那時候老師說我太太是來「報恩」的。只是約略記得老師說完體育老師跟學生的故事之後，還說了一句：「這樣的因果應該還沒有嚴重到要來當夫妻吧！」因此我對於這件事情一直記在心上，心想可能還有更重要的原因吧！第二次老師說我是來報恩的，但是強調這種報恩會很辛苦喔！當知道是另外一種角色，相反的故事之後，心中反而多了幾分疑惑？其實也曾想過是否上次調錯資料了？還是這次沒有調到正確的資料？或許是因爲角色的互調而讓我們想得太多……。

＊伶姬

為什麼同樣的問題，會有不同的因果故事？

舉例來說，有兩個人，一個是甲，男的；一個是乙，女的。兩人是一對中年的夫妻。

第一次，甲自己一個人來問他與太太的因果。

第二次，乙自己一個人來問她與先生的因果。

第三次，甲的父母來問兒子與媳婦的因果。

第四次，乙的爸媽來問女兒與女婿的因果。

第五次，甲乙兩人的兒子來問父母的因果。

第六次，甲乙兩人的女兒來問爸媽的因果。

不同的人來問了六次，結果問的都是「同一個問題」，六個因果故事會一模一樣嗎？還是會有不同呢？爲什麼會有不同呢？不同的原因是什麼呢？

假設，眞的出現了六個因果故事，分別是：小惡、中惡、大惡、小恩、中恩、大恩。再想想，爲什麼我會說：第一次來問時我的回答是：大惡。第二次來問時我的回答是：中惡。依此類推，由大惡、中惡、小惡，到小恩、中恩、大恩。

爲什麼同樣的問題，會有不同的因果故事？解答如下：

假設是一世接一世，故事一直進行著，而且彼此都沒有原諒對方，也沒有說不用報恩。

第一世：甲乙都是男的，是朋友關係，乙向甲借錢，卻惡意不還。如果滿分是十分，那麼乙的惡意不還錢，假設是欠六分好了。這一世結束時，乙欠甲欠情欠錢六分。

第二世：甲乙變成夫妻關係，甲是男的，乙是女的。乙欠甲：欠情又欠錢，欠六分。可是乙心不甘情不願來還債，加上男人來轉世，因此個性也很強。於是乙很辛苦去賺錢養家，甲卻只花不賺，甚至還外遇。乙一氣之下，捉姦在床，法院判決離婚。在兩人離婚時，乙該還甲的六分錢只還了四分而已。

這一世結束時，甲的外遇是這一世的惡因，未來世將會有惡果，假設是欠情八分。

乙欠甲的六分錢，只還了四分，所以將來還欠情欠錢二分。

第三世：甲乙又碰面了，兩人是同事的關係，兩個都是女的。甲是上司，乙是她的部屬。甲常常會邀乙一起共餐，但卻老是忘記帶錢出門。乙基於上司部屬的關係，爲了頭路，只好乖乖付錢，不敢多哼一聲。可是，當甲與男友談戀愛時，乙基於報復心理，總是會打電話給甲的男友，主動警告對方，有關甲的一些不良紀錄……。乙並沒有「編故事」，也沒有「說謊」，只是多了一點油加了一點醋而已。

結果，甲的愛情常常觸礁，常被不同的男友「甩」。有一次甲發現乙的行徑，一氣之下，把乙找來理論。乙也爲自己大聲辯護，說自己說的都是實情。乙還得意洋洋的在所有同事面前說：「誰叫妳一腳踏多船，像個蕩婦。」甲的顏面盡失，割腕自殺死了。

這一世結束時，乙欠甲的二分欠情欠錢，甲要過頭了，結果甲倒欠乙一分欠錢。甲欠乙的八分外遇欠情，乙要債要得還不夠，結果甲還欠乙三分欠情。可是，乙卻害甲自殺死了，這一個因果罪可大了，欠命欠一輩子囉。

第四世：甲乙變成了母女關係，甲是女兒，乙是媽媽。女兒到了青春期時，對感情的問題，一直很畏縮，很怕受傷害。女兒的思想，一直很悲觀，有憂鬱的傾向，嚴重時，甚至於還會有自殘的舉動。雖然如此，可是女兒對媽媽講話的態度卻一直都不是很有禮貌。乙這個做媽媽的，對女兒的舉止不知如何是好，總覺得欠女兒好多。當女兒生氣時，媽媽也不敢多說什麼……。可是，又好害怕女兒的自殘一再發生。

這一世，就是第四世，媽媽來找通靈人，問母女兩人的因果。

猜猜看，如果我就是那個通靈人，有這麼多個因果故事，我該怎麼辦呢？

想想看，有自殺，有外遇，有欠錢……該怎麼辦？

記得，因果罪是「早還早了業」，所以，通常是「苦盡甘來」的作法。

老天爺的「紀錄裡」，就會依大惡、中惡、小惡、小恩、中恩……陸續存檔，還隨時可以更新，重新排列。

同一個問題，我的回答如下：

第一次來問：我會調到自殺的那一世

第二次來問：我會調到外遇的那一世

第三次來問：我會調到惡意借錢不還的那一世

如果除了欠債之外，還有「報恩」的因果故事，該怎麼處理呢？一樣的，還是先苦後甘。所以，常會有人問我：「啊！我怎麼是那麼壞的人呢？難道輪迴那麼多世，我只和他碰面一世而已？難道就沒有其他的因果故事嗎？難道我都沒有做過好事嗎？」

我的回答是：「先把這一個最累的先還完再說吧！」

我也常說：「如果你是第一次問這個問題，而我的答案並不是很嚴重，那麼你應該高興，大概好日子不遠了。」

也有人說：「可是我到別的通靈人那裡，他們告訴我……」關於這個問題，對不起，我無法回答。還是那句話，不要迷信。就算過去世害死了很多人，到了這一世要還的很多很多。沒關係！盡量還就是了，但是，要有智慧的還債，千萬不要「阻礙別人的成長」。一邊還債，一邊還要爲自己累積未來世的福報，能夠幫助別人就幫忙吧！

＊Linda

在這個因果故事中，太太是一位有慈悲心的人，他對於陌生的路人會毫不猶豫的伸出援手。在因果的理論，過去世路人甲（太太）並沒有虧欠路人乙（先生），反而是先生要報太太的恩情。因爲在因果故事中，太太對先生做出救命的舉動，不管是否救活，但就這個救命的舉動，先生就需要來報恩。

當這對夫妻結婚後，彼此看到的是過去世的對方。太太看到先生就會以為是體育老師、是被火車衝撞而死的路人乙，因此太太會聽先生的決定，也會對先生百般呵護，唯恐他哪一天又出意外離自己而去。而先生呢？雖然是意外死亡，但在死亡之前經歷很深刻的恐怖過程，加上另外一世被後母虐待的雙重心結影響，所以這一世的他，會有很嚴重的不安全感。既然先生的個性是「逆來順受的爛好人」，對未來也不大會有規劃，因此伶姬才會說：「這位太太的日子會過得滿累的，因為很難體會得到先生的報恩。」這世的太太眞的很無辜、很可憐。其實先生也完全沒有錯，只是有心結，想不開罷了！

既然要報恩，為什麼老天爺不把先生變成爸爸，太太變成小孩，這樣父親對小孩報恩就容易多了，彼此也會煩惱少一點？我想，這一切都是老天爺的智慧加考題，在報恩的因果故事中常會加考智慧題。在上述的這些因果故事中，先生是一個有慈悲心的人，所以他會願意為學生付出，太太也是如此，願意為陌生的路人冒險伸出援手。老天爺憐惜他們，所以為了讓雙方能一起跳脫心結，能一起跳級升等，所以才會讓他們一起來轉世變為夫妻，一起來報彼此的恩情。

母親的報恩（人生的加考題）

Tracy

問母女因果

伶姬說：「過去世，妳們仍然是一對母女，因爲父親早逝，母親帶著女兒改嫁。母親擔心繼父不疼女兒，就不斷偷拿繼父的錢，藏起來當私房錢，希望以後可以留給女兒。母親在臨終前，將錢交給女兒，告知女兒這一件事。母親過世後，女兒覺得這筆錢是繼父的，應該要歸還繼父，就將錢全數還給了繼父。母親也因爲這樣就不用再來轉世償還繼父這筆錢。」

「妳母親是來報妳恩的！」當伶姬張開眼睛，她這麼說。

「怎麼可能？」我和先生不可置信的沉默了五秒鐘，兩個人不約而同地說。

「那我媽媽愛我嗎？」我竟然問這個蠢問題。伶姬點點頭。

「可是我跟我媽媽處得不太好，我以為我欠她很多。」

「因為她雖然不用再轉世還繼父錢，但她心裡一定報恩報得很不甘願，因為她覺得妳辜負了她的好意。」伶姬說。

＊印證與迴響

嚴格說起來，我與母親的相處很少維持一段長時間的和諧，我們之間，總是「話不投機半句多」。從很小的時候，不論我說什麼，最後的結局一定是被嫌棄，或者遭受到母親的破口大罵。

認識先生時，我遭受母親冷言冷語及白眼伺候達數月之久。甚至強迫我與她介紹的男生出去約會，不過，皆被我斷然拒絕。她的理由是為什麼不找一個高學歷或是家境富裕之人？這樣在親友之間就可以很有面子，也不會讓哥哥瞧不起（哥哥總是把我看得很扁）。可是，老公是我的，又不是要拿出去展示的，我有自己的看法。

訂婚前，母親的不滿達到最高點，一觸即發。我欣喜的將結婚戒指拿給母親看，她撇一撇嘴，說：「看啐（台語：看不到）！」她覺得戒指太小。拍完婚紗照，我興沖沖的翻給她看，她看了第一張，說：「這不是妳，我女兒嘴巴沒有這麼大，不想看！」接著起身走人。所以，至今她仍未看過我的婚紗照。訂婚的那天早上，我必須早早起床去婚紗店化妝，父親竟也早早起床，但他突然將我抱住，哭著說他對不起我，對我說：「如果媽媽今天沒有去參加妳的訂婚，妳不要太難過！」我心裡不太了解母親是怎麼了？

習俗上，訂婚是要在中午之前戴上戒指的。然而，中午十二點半，女方親友桌，除了新娘和新郎之外，空無一人。男方親友不斷詢問出了什麼事？我只能不斷的安撫他們。終於，我親愛的家人出現了，母親進來了，她看都不看我。但是，我仍喜悅的等著交換戒指，心想有來就好了！交換完戒指，男方親友提醒先生要先給母親紅包，此時，我仍站在台上，接下來，就是一連串出乎意料的不堪……。全部人的目光當然集中在我身上，我還是微笑。同事事後說：「妳好勇敢喔！如果是我，我一定馬上哭出來！」我怎麼可以哭？那是我的大喜之日。

因爲我沒有公公和婆婆，生老大時，母親說她會幫我坐月子。懷孕還不足月，我就因爲肝指數急速上升，緊急催生，生下了女兒。母親到家中，煮了一大鍋痲油雞，對我說：「這些應該可以讓妳吃個三、四天，等妳吃完我再來煮。」接下來的三天，三餐我就只吃麻油雞，每次到了吃飯時間，我就自己到冰箱盛一碗麻油雞微波著吃。第四天，麻油雞快吃完了，我打電話跟母親說：「麻油雞大概只剩一餐的量了。」母親說：「妳老公呢？他今天應該會回家吧（先生因爲工作的關係，常常不在家）！妳叫他煮就好了，就像我這樣，一次炒一大鍋，可以吃好幾天。」掛了電話，我放聲大哭。接下來的月子，都是老公煮給我吃（當然也是煮一大鍋一樣的東西）。

女兒出生後就異常難帶，睡眠時間從來沒有連續超過一個小時。我每天吃同樣的東西，虛弱的身體也沒有辦法休息，加上肝臟異常，一直到女兒快兩個月，我全身的皮膚都還是黃黃的。除了有吃到麻油雞這件事之外，其他都不太像在坐月子。幾個月後，我跟母親說：「我們同事都說妳怎麼不幫我坐月子？」她很生氣的說：「笑死人了，我長這麼大，都是聽婆婆要幫媳婦坐月子，從來沒聽過媽媽要幫女兒坐月子的。」確實，母親很用心的幫嫂嫂坐月子，大補小補一樣不少，而且小孩都是母親幫忙照顧。問題是，我總不能請我婆婆的靈魂來幫我坐月子吧？之後生了老二、老三，我都請坐月子中心送膳食到家，這樣比較方便。

當我在工作疲憊與壓力無法紓解之時，告訴了母親這個狀況，渴望尋求慰藉，母親對我說：「如果妳沒有那個能力，就不要學人家當什麼主管，自己要知道自己的斤兩！」當我對她說小孩難帶，她說：「奇怪！妳小時候很乖很好帶啊！是誰的種這樣？我們家沒有這種基因。」或者說：「終於可以讓妳知道帶小孩的滋味了吧！」

因爲沒有婆家，每年過年父親總是希望我可以回家吃團圓飯，母親總是說：「妳已經嫁出去了，就應該要自己過！」先生因爲工作的關係，過年總是不在，今年過年我凌晨就起床，一個人帶著三個孩子準備拜拜和年菜的東西，忙了一整天，自己帶著三個孩子吃年夜飯，我盡量營造過年的氣氛，但總是少了些什麼。

年初二，是回娘家的日子，一早我就準備好要回去了，但娘家怎麼就是沒人接電話，撥到晚上十點多，終於父親接了，他說他們逛街去了，我沒有多說什麼，又拜了年，說了幾句吉祥話，就掛了電話。年十四，撥了電話給父親，一聽到父親的聲音，我再也忍不住了，放聲大哭：「我到底做了什麼？爲什麼你們不讓我回家過年？初二又不讓我回娘家？爲什麼？」父親說：「沒有啊！妳想回來隨時都可以回來呀！」我說：「我現在立刻回去！」

一個小時後，我們的車子停在母親家樓下，父親下樓來接我，他一看到我就哭了起來，他說：「我好想妳回家過年，可是我眞的沒有辦法改變媽媽的決定。她說什麼就是什麼，我也不能說話，否則她會大發雷霆！今年過年少了妳，我眞的好難過！」我總是在夜深人靜的時候想著，爲什麼要我承受那麼多？我和母親究竟出了什麼問題？她爲什麼總是不能好好和我說話？我是不是做了什麼傷天害理的事情？

我將與母親相處的一些狀況寫出來，並非是想誤導大家，抱怨長輩。這是我很怕造成的誤會。我非常愛母親，即使她總是說一些傷害我的話，但我仍然非常非常愛她，我並不會因爲她這樣對我就去怨恨或是討厭她。我不斷的想辦法再對她更好，讓她能多喜歡我一點，讓我能感受到些許的母愛。

我無時無刻都想著她。去大賣場買菜時，看到好的東西我都會多買一份，送去母親家給她。吃到好吃的東西，我都很希望她也可以吃到。買保養品時候，我都會多買一套給她。我會騙她到餐廳吃飯，因爲她總捨不得花錢吃好吃的。母親不識字，我到現在還會讀報給她聽，好書也會念給她聽。每次出門去玩，我都好希望母親可以同行（即使過程可能會發生一些摩擦），希望她可以玩遍台灣。

母親沒有享受過什麼好日子，這是我非常心疼她的地方，即使她愛我的方式很特別，但我會盡量讓她快樂。我覺得這是為人子女應盡的本分。這些日子以來，我偶爾還是會想起一些不愉快，這是讓我覺得自己做得不好的地方（應該根本就不要想起），但我已學會了不要表現出來。母親已經習慣了對我說話使用諷刺的方式，這一點我無法改變，但是我盡量改變自己對這一類事件的看法及當下的感受，甚至要做到沒有負面的回應。

認識伶姬老師這兩年來，最大的體認就是——不管你跟你身邊親密的家人（或者朋友），是由哪一種因果所結構成，都必須扮演好自己的各種角色。難相處的，也不一定就是惡因，有時候，是對方為了成就你，才會造成這樣的結果。當你是母親（父親）的時候，不管小孩有多麼難帶，就是要盡心、用盡能付出的愛來愛他（但不可以阻礙成長）。當你是妻子（先生）的時候，就要做到包容、體諒。當你是兒子（女兒）的時候，無論父母如何對待，都要記得父母的恩情，孝順父母，並盡量讓老人家愉快。而對於身邊每一個親愛的人，我也真的還需要努力！

＊後記

我與哥哥也有類似的相處問題。隔了一年多的另一場座談會，我問了與哥哥的因果。

「妳哥哥是來報妳恩的。」伶姬老師說。

「天哪！爲什麼伶姬老師說來報我恩的人，都對我那麼不好呢？」我當時就叫了出來。

「因爲妳已經具備了『慈悲』，現在是要來考妳的『智慧』的。」伶姬老師說道。

＊伶姬

這是個非常特別的案例。爲什麼呢？照理說，一因對一果，既然母親偷繼父的錢，那麼就是母親欠繼父情和錢。至於女兒將錢還給繼父，是否繼父要報女兒的恩呢？這倒是值得討論。但是在案例中，我們可以知道女兒一定是個深明大義的人。

當母親死後，到了老天爺那兒重新檢視自己的黑盒子時，她並沒有辦法看到女兒還錢給繼父時的畫面，因爲黑盒子的記錄期間是從當事人出生開始直到斷氣死亡的那一剎那爲止。之所以會有這樣的結局——「母親過世後，女兒覺得這筆錢是繼父的，應該要歸還繼父，就將錢全數還給了繼父。母親也因爲這樣就不用再來轉世償還繼父這筆錢。」那是因爲繼父不想追究並原諒了母親，而不是因爲「債權債務」可以「轉移」或是「替換」的關係。

當然了，從文章中我們已經看到母親「愛錢」、「怕窮」的習性依然不變，但是爲什麼會讓這對母女再一起來轉世呢？「報恩」？報什麼恩呢？

想想看，如果讀者您就是那位深明大義的女兒，當再度面對過去世的母親時，潛意識裡會有什麼樣的感覺呢？五味雜陳吧！感激母親爲了讓女兒能夠過更好的日子而偷了繼父的錢——那種長時間昧著良心做壞事，還必須時時提心吊膽，擔心繼父發現，又得刻意對女兒隱瞞……，母親的日子想必一定很難熬。可是，母親如此這般「愛女兒」的作法……，唉！實在不能苟同。可是……，可是……，可是又該如何數說母親的不是呢？畢竟她也是出於一片保護女兒的愛心啊！

女兒選擇在母親過世之後，才將錢還給繼父，爲的也是不想讓母親在繼父面前難堪，多細心、多貼心的女兒啊！如此細心、貼心的女兒，我想，當她將錢還給繼父的同時，一定也會請求繼父原諒母親的不是。至於繼父的反應又會是如何呢？也許他也是因爲女兒的舉止而決定原諒母親的過錯，就因爲如此，所以才會有「母親也因爲這樣，就不用再來轉世償還繼父這筆錢」。

從文章中，我們也看到了這一世當女兒的對母親的態度一如過去世的她，因爲她的潛意識裡告訴自己，母親都是爲我好的，只是母親的作法有時候「很特別」吧！因此再怎麼樣的「不堪」，女兒都能夠忍受下來。

問題出在哪裡呢？爲什麼這一世母親對女兒的態度會如此呢？想想看！母親還是一樣「怕沒錢」，女兒呢？潛意識裡知道人窮並不是罪惡，也並不可怕，但是有了母親的前車之鑑，因此深刻了解到絕不能爲了錢而不擇手段，每一分錢都必須是乾乾淨淨取得的，更不能留「攤子」讓子女去收拾。到了這一世，女兒的「金錢觀」一定和母親相去甚遠，也許其他方面的看法也有很大的差異，因此才會常常發生「話不投機半句多」的後遺症。再加上這一世女兒看上一個家境較差的男友……，於是母親內心深處的「不安全感」整個爆發了。

母親的潛意識裡，也許會覺得她又得爲了女兒去偷繼父的錢，又得自己一個人偷偷摸摸的……，那可不是她心甘情願喜歡過的日子啊！於是，她控制不了自己莫名的害怕與擔憂，只能用行動明白的暗示女兒，她擔心女兒將來的婚姻會因爲缺錢而受苦。只是她的行動一如過去世，是那麼的「特別」！

爲什麼老天爺會讓這兩個對「金錢」的觀念截然不同的母女再一起來轉世呢？是的！的確母親是來報恩的！只是她的方法，還是那一句話——「很特別」！而女兒呢？眞的！老天爺也眞的是在「加考」她的智慧題！過去世她知道母親的行爲不對，但卻爲時已晚，只能請求繼父原諒母親偷錢的過錯。這一世呢？繼父不來向母親要債，那麼母親就沒有機會知道她過去世的行爲是錯誤的、是不智之舉。怎麼辦呢？誰願意幫幫忙？幫忙糾正母親的錯誤呢？女兒！唯有女兒！因爲她知道母親之所以會偷繼父的錢就是爲了她好！是女兒想要報恩的！

面對過去世的母親，女兒的心中百感交集，如何規勸呢？那就是她的智慧了！最起碼，她必須自己先站立起來，才有資格去「教育」母親。她和先生必須先把屬於自己小家庭的經濟狀況安頓好，家中的每個成員也都健健康康，那麼做母親的才能夠放下心來，才能夠相信「金錢」固然重要，但是一個負責任、愛家庭的先生遠比一個有錢但花心的老公強多了。

＊再記（一年後，民國九十五年一月）

再過幾天就要過年了，所有的家人都在不同的時間打電話告訴我，今年記得回家吃團圓飯，大家都很高興，母親今年並不反對我返家過年。

這一年來，我與母親相處得還算融洽。我想，她有多喜歡我一些。大部分的時間，我都是一個誠懇的聆聽者，雖然看法不同，但是我不會像以前一樣發表太多不同的意見。我都會站在她的立場，爲她打抱不平，這讓她寬心不少（雖然同一件事，她老人家可以不斷的重複敘述，可我都很有耐心的聆聽）。

最近常常和她去爬山，她顯得很開心，一路上說說笑笑，讓我們度過了很美好的時光。她以前總是嫌我笨手笨腳，從來不肯教我做菜，上禮拜竟主動說要教我做她最拿手的珍珠丸子和紅燒獅子頭，還直誇我做得很棒呢！

兩年前我因爲想自己帶小孩，辭去了工作，當時她非常反對！然而，她現在卻常常說我這麼做是對的，她覺得我自己帶小孩之後，孩子的轉變非常大，我把小孩子照顧得很好，雖然經濟上很吃緊，但她覺得我這麼做非常值得。這眞是難得的評價，母親竟然會認同我的做法！

雖然母親尚未改變對我說話的方式，但確實有趨於緩和的趨勢。我要努力讓她再多愛我一些！

學習

暗疾千金下嫁屠夫

Huali

問婚姻

在過去世，老公從事屠宰業，而我是有錢人家的小姐。我因爲腳有暗疾，所以委身下嫁於他。老公常常自己一個人在磨刀，我則很少說話。我常常聽著老公在沙沙響的磨刀，心中猜疑著不知他到底要做什麼？但是我都沒有開口問他。我對老公一直是提心吊膽的，就這樣過了一生。

老師很簡明的說，我們夫妻之間的因果故事是「缺乏溝通」，所以彼此都不知道對方的內心到底在想些什麼。這一世的轉世原因是：「學習」。

＊印證與回響

在這一世，我獨自扛起整個家已十五年了，自從兒子出生（目前高一），我先生懷才不遇鬱鬱寡歡至今。我一直很逞強，認爲不要逼他、耐心的等他，終有一天他會再起。結果我等到一個罹患癌症的老公，以及自己背負了一大筆債務，而他也始終沒有再振作起來就業。

我先生從小就很勤勞的工作賺錢，所以也沒有什麼時間能夠讓他受高等教育。奇怪的是，他這一生常遭小人，又很愛批評別人，可是他這個人自尊心很強。每次當他講誰的不是時，我都選擇沉默以對，用身體語言來抗議。不管我做什麼事情，他都很少贊同。而我認爲自己需要扮演賢妻良母，順從他所有的意見，並且一肩挑起家中所有經濟。

另外，我還忍受著他與別人在外同居，對於同居我從來沒有正面指責過他。眞不知自己內心在想什麼，爲何不出聲抗議？

過去世我有暗疾，而這一世自小我就有聽障，左腳也有些不好，但是外觀上完全看不出。

夫妻常以爲孩子都生了，也一起過了十幾二十年，還需要說什麼嗎？而我誤以爲先生應該了解我的想法，結果傷害了夫妻相守的情緣。現在的我就算和他起爭執，寧願他生氣，我也要讓他明白我想表達的意思。我相信這種溝通方式，好過生活中完全的疏離以及冷漠。如果我不說出來心中的想法，別人如何知道呢？

＊Linda

在這個因果故事中的當事人彼此都缺乏溝通，所以他們轉世成爲夫妻一起再來學習。在相同的情況下，夫妻該如何相處與溝通？

在過去世，妻子有暗疾，總認爲自己不夠好，因此也不敢質疑丈夫的一切。丈夫也知道妻子是因爲身體的疾病，才會下嫁自己。彼此都有心結，都不敢向對方說出心中的想法。過去世的習性隨著轉世而帶來，這一世彼此仍然缺乏溝通，各自有心結。

夫妻是命運共同體，需共同負擔家庭與照顧小孩的一切，而身爲妻子不應該獨自默默的扛起家中一切負擔。在因果輪迴的法則中，我們不僅要有「慈悲心」，也要注意不能「阻礙別人的成長」。而且不管因果如何，我們都要尊重這時空的法理情，「外遇」都是今世的因，來世的果，不可不慎。

公婆的改變

Lily

問夫妻因果

在過去世裡還是夫妻的關係，男的還是男的，女的還是女的，夫妻兩人靠賣麵謀生。婆婆負責切菜，而公公負責煮麵。但兩人很愛拌嘴，婆婆還喜歡拿著刀子在公公面前揮舞。後來，公公因心臟病突發而死亡，鄰居都說公公是被婆婆嚇死的，因爲她一天到晚拿菜刀嚇公公。

伶姬：妳公婆是不是很會吵架？因爲在我的畫面中，如果出現兩人吵嘴或打架的情形，而又無法認定誰是誰非時，那麼老天爺通常就會讓這些人再一起來轉世，學習如何和平相處。不過根據我的經驗，這些人到了這一世往往還是和過去世一樣，誰也不讓誰。雖然在過去世裡，婆婆並沒有直接害死公公，但因爲受到鄰居的影響，也許她會有心結，覺得自己害死了先生，所以到了這一世，剛開始時她會讓著公公，但是如果公公執意不改變，故事仍會重演——照樣打打罵罵過一生。

我希望妳回去之後，可以告訴他們這一個因果故事。在《如來世3——因果論一》裡的「學習」那一章，有個〈一決勝負〉的因果故事，不妨拿給公公婆婆看。如果沒有《如來世3》，也可以在《通靈姬婆玫瑰心》裡的〈學習〉那一章找到。如果他們相處的關係還是不改善的話，那麼妳可以警告他們，就說是我說的，說他們很可能下一世還會再一起來轉世。

＊印證與迴響

這一世裡，公公和婆婆的個性都很強悍和固執。聽婆婆說，早年是因爲公公賺錢養家很辛苦，所以對於他的固執與大男人作風，以及處處喜歡干涉別人的行爲，都會忍讓。但是，當孩子漸漸大了之後，婆婆對於公公的行爲再也無法忍耐，於是爆發衝突。聽大姑說她高中時，就常常看見爸爸媽媽在吵架，兩人越吵越厲害，吵到媽媽拿菜刀威脅爸爸。我自己則是看他們吵到後來乾脆打起來，現在兩人互不說話。婆婆也因此覺得婚姻是痛苦的，很後悔結婚。

當我知道公公和婆婆的因果故事後，我分別告訴了他們，但他們兩個的個性還眞像，都罵我迷信呢！我公公不識字，婆婆有白內障，我猜想如果我念書給他們聽，肯定又會被罵一次，所以只能順其自然。不過，我有提醒他們，如果他們再吵下去下輩子可能會再繼續當夫妻。

雖然我並未再告訴公公婆婆些什麼，但最近我發現他們好像有點改變。以前婆婆總會警告我，她買的食物我要吃可以，但是不能給公公吃。最近，他們還是不講話，但婆婆會叫我將她買的食物拿給公公吃。而最愛旅遊的公公，也將他最近一次優惠的旅遊行程交給我，叫我問婆婆要不要去，他要把名額讓給她去，還要我問婆婆錢夠不夠，他要幫她出，眞是令人感動呢！

＊伶姬

哇！如果年紀那麼大的人都可以改變，那麼年輕人要加油了！請妳繼續努力，在兩邊都說好話！所以，當我們勸人的時候，若要請「受害者」原諒「加害者」，可以用這一招。但是千萬別爲了「原諒」而「阻礙了別人的成長」。

以下是另一個關於叔叔與嬸嬸的故事。

有一位讀者生長在一個大家庭裡，他有個叔叔和嬸嬸很會吵架，從年輕吵到老。現在兩人都已經七十多歲了，還是繼續在吵，家族的人怎麼勸都沒有用。有一天，他就對嬸嬸說：「阿嬸，有個懂因果的人說：『如果你心裡氣別人、恨別人，也和對方吵個不停，那麼，吵到最後一定會有輸有贏，被欺負的人一定不甘心，會想要來要債。如果吵到最後，沒有輸贏，兩個人一定都不甘心，一定會想要比出個輸贏。於是，老天爺就會讓這些人如願，既然有人被欺負了，那麼就讓他自己來向加害者討個公道。既然分不出勝負，那麼就讓當事人一起再來轉世比個高下。』

「阿嬸，像妳這樣，氣叔叔氣得那個樣子，又一天到晚吵個不停，我想，下一世老天爺一定會讓妳和叔叔再結成夫妻，再比個高下。如果妳那麼不喜歡叔叔，我想，最好的方法就是原諒他、不和他計較。那麼到了下一世，妳才有可能不會再和他一起來當夫妻或成爲家人的關係。」他的嬸嬸聽了這一番解釋之後，從此不再和叔叔爭吵。

考試

轉世變成蜘蛛

芽芽

問人格特質

在過去世的某一世裡，小希曾經是菩薩，另有一世爲了「體驗」，於是自願轉世成一隻蜘蛛。當時小希蜘蛛的年紀很小，忘記自己已經轉世變成蜘蛛，當她看到一隻母蜘蛛受傷時，想要幫助牠，卻沒想到反而因此受害死亡。

＊印證與迴響

小希：我看到螞蟻、蚊子、蒼蠅、蟑螂都會嚇得跳起來，然後全身發抖，不知所措。我今年十五歲，但這種情況卻越來越嚴重，我越是害怕昆蟲、蟑螂，這些昆蟲反而越會掉到身上來，嚇得我不敢回家。我看到昆蟲會害怕，是因爲我不知該如何是好？我不忍心傷害牠們，又怕牠們會傷害我。

芽芽：爲什麼小希會如此怕昆蟲呢？

伶姬：因果輪迴中有一項很重要的「考題」，這項「考題」是考當事人「在不同的狀況下，是否依然能夠秉持著有智慧的慈悲？」所以，有時候我們會轉世成爲「動物」來接受考試。在昆蟲的世界中，「弱肉強食」是生存的法則。當我們轉世成爲昆蟲時，我們應該要先保護自己，才能行菩薩道。

關於小希的情形，我們可以告訴小希，她現在已經長大了，也有能力保護自己。她不需再害怕昆蟲會傷害她，她可以應付得很好。「家」是我們的勢力範圍，如果昆蟲侵犯到我們的家，在求生存的原則之下，我們自然可以採取保護自己的行動，而有時候保護自己的行動，不免會傷害到對方。家是我們的勢力範圍，如果昆蟲侵犯到這裡，我們傷害牠們並沒有錯。

應該是我通靈的第四年吧！孩子的鋼琴老師問我：「陳太太，我那個國中的雙胞胎兒子不知怎麼了，這幾天好怪好怪，是不是因爲我剛搬新家的緣故？」調了一下資料後，我說：「妳搬家時，是不是打了一隻蜘蛛？」「喔！有！那隻蜘蛛實在太大隻了，是一隻懷孕的母蜘蛛。我怕孩子們會害怕，所以用掃帚打死了牠。」

我告訴老師：「雖然妳打死了蜘蛛，但是妳並沒有錯，因爲是蜘蛛侵入了妳的新家，妳有自衛的權利。只是這隻母蜘蛛死得莫名其妙，死後的牠一心一意只想著牠肚子中的小孩哪裡去了，所以有時候會附身在妳兒子身上，拚命地在妳家中找小孩。」鋼琴老師說：「怪不得我兒子每天早上一起床，就是一直開抽屜，家裡的每一個抽屜都會開來開去的，問他在找什麼？他說他也不知道。到了學校又好了，可是下午回到了家又開始發作，拚命的開抽屜找東西。」（後來怎麼了？我請菩薩處理就是。）

伶姬：請問，小希是不是「過敏」得很嚴重呢？如果是的話，那麼也許我們可以從這個蜘蛛的因果故事中找到答案。

芽芽：小希一出生就有嚴重的「過敏」症狀。任何藥物都止不住她一直流下來的鼻水，造成她臉頰紅腫。只能不斷的擦凡士林藥膏來隔離鼻水，防止細嫩的臉頰受傷，眞的很可憐。不過現在長大，「過敏」好很多了，只是還是會打噴嚏流鼻水，而且「怕昆蟲」。

伶姬：她從小就有很嚴重的「過敏」，想想看，什麼東西是「不離身」的呢？「衣服」吧！「衣服」是什麼做成的呢？「絲」！

既然她在那麼小的時候，就會怕小昆蟲，那麼就表示她對過去世的情形記得很清楚，因爲是「絲」做成「衣服」，所以看到衣服就會想起過去世，因而「過敏」發作。又因爲記得很清楚，所以，這也表示她累世以來的修行很不錯！想想看，一隻小蜘蛛想救一隻母蜘蛛，當然很有愛心了！如果這就是小希的故事，告訴她，她絕對會是個好女孩！祝福她！

＊後記

幾個月後，芽芽與小希討論著蜘蛛的故事。

小希：在我小學時，我就常作一個很可怕的夢。在夢中，我躺在一個不知名的地方，旁邊都是白線，我不知白線是什麼？但我覺得我一直被切割，我很害怕。（即使當時小希只是在敘述夢中的情境，她卻是一邊說著，一邊手腳不由自主的發抖。）

芽芽：小希！不用怕！妳夢中的白線應該是蜘蛛絲吧！

小希從出生開始，就無法臉朝上、平躺睡覺，她都是趴著睡覺。當她還是小嬰兒時，將她臉朝上、平躺的放在床上，她就會大聲哭叫。我們試著用各種姿勢、各種方法都無法讓她安靜的睡覺。最後，她是側著頭，雙手雙腳張開趴在一個大的靠背枕頭上，才安靜的入睡。慢慢長大後，她睡覺的姿勢還是整個人趴著，側著頭，雙手抱著枕頭，雙腳彎曲張開貼著床，如蜘蛛一樣的向兩側張開，才能入睡。

小希：一直到國中時，我只能趴著睡。如果我平躺，採取臉朝上的姿勢，我就無法入睡。最近好一些，但是我要睡覺時，最多還是只能側躺，平躺還是睡不著。

小希：爲什麼我要趴著睡才睡得著？

芽芽說：小希你過去世曾轉世成爲蜘蛛，對你眞的是很大的衝擊。當你臉朝上，平躺在床上，你的潛意識就會回到過去世。這時，你會想到被母蜘蛛捉住，而且躺著被切割的恐怖情境，所以你會哭叫，會睡不著，常會做一個很可怕、被切割的夢。

伶姬說：應該說因爲平躺姿勢對蜘蛛而言，是個「相反」、「反面」、「顚倒」的姿勢，無法「走」、無法「逃」。而過去世她是被母蜘蛛捉住，因此，如果臉朝上，就像「束手就擒」一樣。

通靈人的因果

桌頭與乩童

圓圓

問身體因果

在過去世裡，圓圓是「桌頭」，而她的先生則是「乩童」。只是，這個乩童卻是「騙人」的。桌頭想要辦事，可是自己卻又不會通靈，於是找來了一個人，訓練他成爲「假通靈」的乩童。後來乩童不願意繼續裝假騙人，想要離開桌頭，可是，桌頭這時卻已經無法「收拾善後」了，於是桌頭強迫乩童繼續騙人。

＊印證與迴響

圓圓說：我的丈夫是「通靈者」也好，或是像老師所說的被「附身」也好，他本身好像就是有這種體質。他很被動，不會主動想要去求知、認知，很多事情他似乎會顯得被「祂們」牽著鼻子走。比如說他今天要去某個地方，車子忽然不會動了，他就會猜想「是否祂們叫他不要去？」諸如此類的眞的繁不勝數。剛開始我還會順著他的意走，可是後來我被弄得心煩了、意也亂了。

他今年四十多歲，彷彿通靈般的「附身」已有二十年左右，精神科的藥也服用了十幾年了。他服的藥愈來愈重，可是病情卻時好時壞。有時我先生會覺得很難過，他自己形容是「如刀在割肉」，但卻又會不藥而癒。我先生是先被「附身通靈」一些時日之後才產生「精神疾病」。我們曾走訪宮壇，走了不下百間，他現在的表達能力與理解能力非常差。

伶姬問：如果通靈都沒有辦法解決自己的問題，那麼有什麼能力去解決別人的問題呢？爲什麼走宮壇走了不下百間？爲什麼要到處問呢？如果是眞「通靈」，爲什麼還要經由別人來「驗明正身」呢？

有很多通靈人的家屬以爲能夠通靈就是「高人一等」，更何況還可以爲人服務，根本就沒有想到他通的到底是「誰」。是鬼？是菩薩？妳分辨得出嗎？再注意一點，就算是通「菩薩」，難道就不會生病？精神不會出問題嗎？不！照樣會出問題的！因爲人有人的磁場，鬼有鬼的磁場，菩薩也有菩薩的磁場……，這都是不同的。想想看，如果常人一般是吃溫的食物，菩薩是吃滾燙的，鬼是吃冰凍的，好，現在叫一個人天天吃冰凍的，想想，會有問題嗎？再來，改吃滾燙的好了，會不會出問題呢？再舉個更簡單的例子，台灣人到赤道去住，或到北極去住，想想看，能適應嗎？身體會不會出狀況呢？

如果妳看過我的書就知道，我是不輕易讓「祂們」附身的，不管是陰的、陽的、鬼的、菩薩的。就因爲祂們的磁場不是「人」的磁場，如果讓祂們待在我的體內待久了，一定會傷害到我的肉體。看過我通靈的人就知道了，這麼多年來，有幾個人看過我讓祂們附身呢？

圓圓說：我先生早在結婚之前就有附身狀態，我是後來才輾轉得知一些事的。那時，因先生家裡有供奉神明，據他說是退伍工作一段時間後，每到黃昏就會有「附身」的狀況發生。剛開始「附身」時，他反應的力道很強，需要好幾個人才能架得住他。那時家裡的人沒人懂這種事，只好往「神明壇」走，因怕他是「卡」到壞東西。當時「神明壇」一處理下來，告知是「王爺」要求辦事濟世。

就像有句廣告台詞所說的，「我是當了爸爸以後才開始學做爸爸的。」我也是在先生得了精神分裂症以後，才知道原來有個病名叫做精神分裂症。但那已是走了無數宮壇以後的事了。有人說病急亂投醫，那時誰說哪家宮壇厲害，我們就往哪裡去，結果也不是說沒效，但效果就只是幾天而已。當然他也有給醫生看過，但大概不是大醫院吧，醫生也沒解釋什麼，就開了幾天藥，也只是讓他安靜個幾天。

每當我們夫妻倆需要共同去面對壓力時，他反而會成爲我更大的壓力。因他一有壓力就失控。但他的失控不會是在人來人往的白天，而是在夜深人靜的時候——他布滿血絲的雙眼直視著我，強加諸我莫須有的罪名。我不能大叫驚醒熟睡中的孩子，他就在我面前。我不能打電話求救，不能有任何動作，也不敢有任何動作，因爲我不知道哪個動作會再度激怒他。我只能小心翼翼的極力安撫，再安撫。等他筋疲力盡，呼呼大睡後，我就像解除了警報似的，一夜哭到天明。

精神科醫生有教我，若他失控時，就整瓶藥給他服下，讓他昏睡然後強行送醫。我想除非是像柯南一樣使用麻醉針，否則我怎有那個力氣。強灌他服藥，就算有，我也於心不忍啊！一旦過量用藥，我想會增強他身體的抗藥性吧，而且他退化的速度也會加快。

現在我的孩子比較大了，我比較有談心的對象，他也有比較好了。好的部分當然不是指病情，而是我根據多年的經驗，學會了說他想聽的語言。再失控的情形就漸漸較少見了，可他還是會無理。在往後的日子，我想我還是會選擇與他同行。將心比心，若今天是我發病，我想我也會希望他親自照顧我。

平日我們幾乎是二十四小時都在一起。如果他在家，我會覺得壓力很大、很煩。如果他出去，我又會擔心，我怕他會給我出狀況回來。每次他出狀況，都要我去善後，否則他還是很容易跟人家起衝突。

＊Linda

你們夫妻的因果故事應該是屬於欠債還債，這模式的基本運作重點是債權人想要報復。而且妳先生是債權人，他應該選擇的是「老天爺做主」的報復方式，妳需要償還的是屬於「欠命」，因爲妳「限制了他的自由」，這是歸類在傷害身體的欠債還債模式。

債權人帶著證據以生病的方式，讓債務人照顧他的身體一段時間，甚至一輩子。既然過去世，妳強迫他假裝通靈，而且不讓他離開。那麼這一世就讓妳「如願以償」，幾乎二十四小時形影不離地親自照顧，親自體會有通靈體質，又有幻聽及幻覺，發病彷彿是通靈狀況的精神病患的一切。

在過去世，妳不理會他的想法與意願，妳強迫他，所以他怨恨妳。當妳違背他的意願，或者強迫他做他不願意的事，他很容易又回到過去世的感覺，又會情緒失控。所以妳必須學會依他的思考模式，說他想聽的語言，才能安撫他。而乩童白天假扮通靈，他在人來人往的白天不敢聲張自己是假的，但是在午夜夢迴時，他會不甘心，會很氣你。所以在夜深人靜時，他會對妳怒目而視，數落妳的不是。

妳先生選擇報復妳，所以這一世須帶有病痛來轉世，他因此成爲精神病患。伶姬曾說，當因果循環開始運轉時就停不下來，直到結束爲止。不管是因果或者是現實狀況，妳先生的疾病是不會好的，只能尋求正規醫療控制他的病情。而妳所能做的，就是要鼓勵他、照顧他。但是因果的運轉並不是要置何人於死地，而是要我們能深刻的去體會、去反省，然後「悲智雙修雙運」，並不是「逆來順受」。

＊後記

圓圓說：在剛看到自己的前世因果時，的確滿錯愕的。雖然期待了好久，可是在突然之間卻又赤裸裸地呈現在自己面前，一時還眞不知如何接受呢！在不知自己的前因後果時，我的心念是——前世自己做了什麼，我們不知道，但在今世我們有幸藉由老師來了解因果理論，那就盡力去結好緣吧。

滿「訝異」的過去，滿「惡質」的我。但細細想來，我不會撒嬌，不好意思穿裙子，或許前世是男人的緣故吧！而對先生總有「恨鐵不成鋼」的懊惱，常指責先生的不是，且毫不留情面。啊！如此感情會好，才怪！

一直以來，先生每次看電視（諸如台灣奇案的節目），當劇情有演到乩童假藉神明之意而爲非作歹時，總是憤恨難平。反應激烈得有點想要「起駕」的樣子。我都想說：「有那麼嚴重嗎？」不過是齣電視劇罷了。以前，總覺得先生會如此應該是「正義凜然」，可能因爲我先生有「正直的個性」，所以他才會看不慣有人如此「欺騙世人」。現在看到先生如此時，總會會心的一笑，或許是前世帶來的吧！由此可以想見在過去先生是如何的「痛恨假乩童騙人」，而我竟是那個罪魁禍首。由他的反應，我這才驚覺

「在過去世，我傷他竟如此之深」。

藉由老師的書與家族網友的加油打氣，讓我知道了原來「改變與放下」的力量如此之大。我改變了自己，調整了自己的心態後，想想先生好像也沒什麼大缺失，既不喝酒，也不賭博，更不流連聲色場所（是沒錢啦！哈！）他有工作時也認眞到廢寢忘食，我實在也找不出一條像樣的大罪狀。而生病，更非他所願。原來一切的一切，全是我的高標準所惹的禍。

現在如果他有按時服藥，不受刺激，身心愉悅，其實也跟正常人沒什麼兩樣。雖然他反應慢了點，但現實中不也是有反應遲鈍的正常人嗎？我就是其中之一啦！我以前是「冰冷戰場」的高手，因爲我本就不愛講話。如果心中有氣，要我十天半個月不跟某人講話，那也沒什麼困難。現在放下了自己的一些標準後，把先生當孩子般進行再教育，也把他當一家之主般地敬重，如偶像似的崇拜。對於他所做的芝麻小事，渲染成像國家大事般。利用女人天生的特權，極盡「撒嬌、耍賴」之能事，把一切事全推給他做。而他倒也做得很快樂啊！至此眞是有幸生爲女兒身啊！因爲我發覺男人還眞的不錯用……。

關於我先生身體受傷的狀況，他在十多年前，因踩破石綿瓦，大概從三樓的高度直接墜落。很奇怪，他都傷在右半邊，右臉眼睛後下方，右手肘關節粉粹性骨折，右大腿骨裂掉。經過多次的開刀與復健，手肘關節的功能還是未完全恢復，他現在也不能平放，會痠軟疼痛。

＊伶姬

妳先生在過去世是「乩童」，所以這一世的行事風格也帶有些過去世的影子，他有通靈的體質，但是又不能辦事。而妳過去世是「桌頭」，因此妳應該很會說道理。當遇到別人有問題時，妳會勸說別人或建議別人該如何做。妳既然「敢」要人「假裝會通靈的乩童」，因此妳應該不會覺得宗教儀式有什麼「神秘」。

在過去世，妳先生是乩童而且是騙人的。當一個「利用宗教」斂財或害人的人來轉世，如果他是「乩童」的話，那麼他的手腳很容易出問題。爲什麼呢？因爲乩童要「比手畫腳」，而中國人又是右撇子比較多，所以，乩童再來轉世時，他的手腳就容易出問題，尤其是右手右腳。轉世之後，如果有了「差錯」，那麼通常就是從這些部位開始先出問題，一旦出了問題就不容易好了。

這裡有一個很重要的觀念要特別注意：

如果「甲」去找「騙人的」假通靈者「乙」爲他服務時，雖然乙是騙人的，但是在因果裡，甲沒有權利向乙通靈者要債，因爲是甲是「自願、自動」去找乙的。但是乙假借老天爺的名義騙人，祂們才是眞正的受害者，所以老天爺才是債權人。不過，祂們並沒有來要債，只是利用「天譴」的方式讓債務人自己體會一下。既然假通靈人這一世的金錢來得不易，再加上這一世「用腦、用手腳」過度，那麼到了未來世，這些人的事業、人際關係以及身體的健康等等就可想而知了。

先放下，先自由

寶妹

問親子因果、夫妻因果

弟弟與母親的因果：在某世，有一位會噴火的道教法師，功力不錯，他的前半生也做得不錯，但是在晚年做錯了事，所以影響迄今……。

話說一位女信徒因不孕前來求助法師幫忙，法師因貪圖對方美色予以非禮後殺害。女信徒的丈夫及其家人共計十二位得知此事後，想找法師討回公道。法師的妻子（今世的母親）得知自己的丈夫做錯事後，不但沒有教訓他，反而爲了保護先生免於被對方復仇，唆使法師施符下咒，導致被害者一家人患長期性的精神病直至該世結束。法師與女信徒的因果債已於另一世了結了。在此世，他是被前述十二位家人所推派的兩位冥界代表以執黑令旗方式（讓債務人活受罪）進行討債。

伶姬：「妳弟弟有起乩、被陰附身的體質，這是因果造成的。」

父親與母親的因果：就在同一世裡，父親是母親的ㄚ鬟，兩人從小在一起，ㄚ鬟對小姐有一定的感情，但小姐結婚後，ㄚ鬟跟著陪嫁過去。原本只有小姐與ㄚ鬟相處的關係，現在卻多了一位姑爺，ㄚ鬟認為小姐不再只屬於她一人，由愛慕轉為生悶氣。

妹妹與家裡的關係：伶姬：「此時跳出『無緣』兩字。她是第一層的小菩薩，出生來面對她自己的考試，與家中的人無任何因果關係。」

我與家人的關係：伶姬：「寶妹妳會不會算命？因為我看到師父到徒弟（法師）家中，徒弟一家人跪在師父面前，徒弟夫婦並排而跪，ㄚ鬟跪在太太之後。妳就是那法師的師父。」

＊印證與迴響

伶姬：「妳為什麼要從那麼遠的地方來到這兒呢？」

我答：「我想知道為什麼這些人讓我的人生一團混亂，而我卻無能為力……。」

根據母親的說法，自我弟一出生抱回家後，我看到他就會生氣。無論母親將他藏在哪裡，我總是有辦法找到他，打他耳光。當時我也才二、三歲而已。逐漸長大後，每當他做錯事時，對他常罵的一句話，就是「家裡的門風都被你敗壞了！」我這個做姊姊的對他這個弟弟總有「恨鐵不成鋼」之感。

自某日傍晚（記得是我念國中時），警察局來電後迄今，家中無一寧日，問題如滾雪球般愈來愈複雜！弟弟因與同學偷機車被送進警局，後來加入神壇跳八家將，甚至染上吸毒惡習，之後開始晚上偷溜出門、逃學。我的母親爲了他，到學校簽了多次的保證書，以確保他至少能念至高中。父親爲了他，多次進出警局與法院，但弟弟已不再是原來的他了。弟弟年紀漸長後，開始出現辱罵父母的言行，特別是針對母親，這樣的情境不斷在我家上演，平息而後又復始。退伍後，他幾乎沒有工作的意願，整天待在家裡。這一幕幕當時尚在求學的我看在眼裡，只能生氣又無奈！

在找老師前，我已有「弟弟根本是來報復母親」的想法，但奇怪的是，每次他辱罵母親時，父親卻又總是不予制止，有點看好戲的意味，妹妹更是從頭到尾如同局外人，而全家最急的人，卻是我！但該罵的、該說的、已盡力卻無法阻止……。這一切，有如旁觀巨輪不斷的推進，卻有「螳臂擋車」的妄想。隨之而來的，是完全的無力。當得知有機會見老師一面時，便很想知道這一切到底是怎麼一回事，爲什麼會這樣？

原來我是這一位法師的老師，他是所有學生中法力最好的，算是我的得意門生。但直到我那一世結束，回到上面，我才知道他竟然利用我教他的法術做了如此敗壞門風的事件。因爲實在太生氣了，所以我自動要求老天爺讓我下來處理此事。

附帶一提，在尚未與老師見面前，某日母親提到同一晚，她與弟弟皆夢到有兩位女子掐住他們的脖子，十分兇狠，似乎要置他們於死地。當時聽聞此事時，我還嚴正的駁斥她。但自從向伶姬請教之後，我開始回想當時母親所言可能是眞的。這一世，在我們三個孩子出生後，我父親娶進了兩位冥婚的太太。她們不是別人，分別是我母親六歲時即因病死亡的大姊，及一位胎死腹中的小妹。當時家中尚有其他姊妹，但她們兩位在家人擲筊的過程，卻屬意嫁進我家。老師說有兩位執黑令旗的冥界代表來報復，讓我心中不禁聯想是否爲她們二位？

*後記

民國九十一年十二月九日，是一個非常寒冷的冬天，我從南部搭夜車到板橋，在預定的時間裡，與伶姬見了第一面。「謝謝您！」兩年多來存放在心裡想當面對您說的一句話，沒想到最終還是只能透過文字來傳遞。「隻手擎天，力挽狂瀾，是人的自然反應。」這是從社會學讀到的一句話，然而，這也是長久已來，我對於家以及對自己行為的寫照。但當我逐漸意識到自身能力有限時，對應的行為與想法也隨之修正。這當中，從「未知」到「已知」的過程，這樣的學習與處理，在許多時候，往往自己也覺得變得冷酷與逃避。終於，我鼓起勇氣，在很多人的面前提這件事，為的只是想知道自己還能努力的地方有哪些。對一個自認一定有做錯什麼事，才出生在樣這家庭的我，兩次與老師您見面的場合，都因聽到的答覆太令自己錯愕，而錯過向您道謝的機會。在此，眞的很感謝您，因為有您的存在，終於不用等到此世結束，就能知曉自己生命問題的癥結。相較於衆人，我眞是幸運太多了。

參加座談會的動機，也只是很單純想了解「受害家屬」的想法與需求，因為他們「被害」已損失了一世，現在為了「討債」又損失一世。相較於很多人的生命都因累世的學習而愈往「善」的方向成長的同時，此事件中的人物（包含自己），卻都因此而停滯不前。我只願用有限的力量幫助事件中的債權與債務人。

對過去世已發生的事情雖無法改變，但每個人的生命，除了因果，是否還能有更積極的作爲？如同「生命不是得到，就是學到。」雖然我仍無法從此次的座談會獲得答案，心中覺得大大的遺憾，但無損於我努力想改變他們雙方的決心。因爲我「相信因果，接受一切，但永不認命」。

因果中，老天爺的處罰方式總是公平的，祂只是要債務人培養「同理心」。過去世法師用施符咒的方式讓債權人患精神疾病，這一世債務人卻用吸毒的方式讓自己精神亦出現問題，相同地，母親也因弟弟的問題而患有焦慮症，需求助精神科、藉藥物控制。他們都在感受當初對方所感受的感覺。債權人若將其所受苦痛，論斤秤兩還諸債務人，債務人若知如此痛苦，必定悔不當初。每個生命如果知道犯了錯誤要付出如此大的代價，一定沒有人願意做錯事。

若以一位觀察者的角度來檢視這起因果故事，最大的感觸就是「要做一位不傷害別人的人，亦要保護自己不被別人傷害。」因爲生命的一來一回，皆需耗費很多的能量與時間。釐清前因後果，雖對於事件的處理無法畢其功於一役，但至少開啓了一個努力的方向。並期待它能做爲現今社會上屢見不鮮的宗教詐財、害人等事件之借鏡。任何宗教派別、神職人員或靈學工作者，都應莫忘技藝習得之初衷是「助人為善」。任何違背正向宗旨而濫用者，當慎思若為此「因」，而來世可能遭遇面對之「果」。

當整個事件都釐清後，我對著兩位債權人的牌位念了段話：「很遺憾未能在事發當時即時知曉，並阻止這場悲劇的發生，對此深感自責。唯你我曾存在同一世，這件事保守估計至少有一百年之譜，我和你們居然為了同樣的事與人生氣了這麼久。生命應該不斷的學習與成長，而不應昧於過去思想而停滯。如果可以的話，請聽聽我的建議，為了自己生命學習的歷程，放下且離開吧！無論你們原諒他們與否，他們所應承受的罰責，絕不因你們的離去而減少。同時，我也會往改變他們想法、態度，以及督促他們從事對社會有貢獻的方向而繼續努力的。」

對於弟弟，伶姬老師的建議如下：

1. 前世以工作之便而傷害他人者，來世會事業不順，若因宗教因素而犯者，處罰加重，如同發生一件事，刑事上雖不追究，但民事賠償亦不可少。再者因右手執法器、施符咒，是故右手亦會有問題。

2. 執黑令旗討債者（債權人）若不原諒債務人，直至今世結束前，是無法轉世的。

3.可利用弟弟在家時，與債權人（持黑令旗者）默念溝通。

4.建議弟弟此世修習靈學或算命以作爲下一世之專長。（這點，寶妹我持保留態度，因無論他能否再做事，或做什麼事，我都希望他不再碰觸與宗教有關的工作。）

＊Linda

這個因果故事是關於「死人令旗」的故事（請參考《如來世3——因果論一》，頁一〇〇）。此故事中的法師因貪圖美色，不僅非禮女信徒並殺害她，這已經犯下兩個錯誤。女信徒的丈夫及其家人共計十二位要討回公道，法師與妻子不但不反省自己的錯誤，反而施符咒致被害者一家人患長期性的精神病直至該世結束，這更是罪大惡極。前述十二位家人不願原諒法師夫妻（弟弟與母親），所以這世推派二位冥界代表以執「黑令旗」的方式進行報復。

所謂「黑令旗」就是用來告知所有的菩薩都不能動手幫助債務人，哪一個菩薩幫忙，哪一個菩薩就會遭殃。所以即使寶妹她過去世身爲法師的師父也愛莫能助，只能眼睜睜的看著事情的發展。身爲第一層菩薩的妹妹也置身事外，彷彿局外人。因果輪迴轉世的基本運作很簡單，「自己作自己受」，如此而已。因此伶姬才會建議債務人（弟弟與母親）誠心的向持黑令旗的債權人默念表示懺悔並請求原諒。至於持黑令旗的債權人因為要報復、要討債，所以當他們「不放下」時，相對的，也就無法投胎轉世。

＊伶姬

關於我對寶妹弟弟建議的第四點，我的解釋是——「哪裡跌倒，哪裡爬起來。」以弟弟過去世的潛能來修習靈學或算命，應該很容易就進入狀況，但是，他必須在這個領域反向操作，也就是說，利用他的專業提醒大家「不要迷信」、「不要被騙」等等。當然他無法從算命賺到什麼錢，但是卻可以把自己的所知所學告訴大家，這是另類的還債方式（也許在過去世，弟弟還欠了其他的信徒）。

寶妹的文章一氣呵成，我只改了兩、三個字。這是校稿過程中，讓我最感動的一篇文章，我差點落淚。一個如此「有心」的師父，不但想盡辦法想要幫助過去世的徒弟家人，更心疼那兩個「被害一世，討債又一世」執著黑令旗來要債的債權人代表。各位讀者，不知您是否體會得出這位師父的苦心——先放下，先自由。

生活視窗56

野薑花的朋友

2006年4月初版　　定價：新臺幣280元

著者　伶姬
發行人　林載爵

出版者　聯經出版事業股份有限公司
台北市忠孝東路四段555號
編輯部地址：台北市忠孝東路四段561號4樓
叢書主編電話：(02)27634300轉5048
台北發行所地址：台北縣汐止市大同路一段367號
電話：(02)26418661
台北忠孝門市地址：台北市忠孝東路四段561號1-2樓
電話：(02)27683708
台北新生門市地址：台北市新生南路三段94號
電話：(02)23620308
台中門市地址：台中市健行路321號
台中分公司電話：(04)22312023
高雄門市地址：高雄市成功一路363號
電話：(07)2412802
郵政劃撥帳戶第0100559-3號
郵撥電話：26418662
印刷者　世和印製企業有限公司

叢書主編　林芳瑜
校對　吳淑芳
封面設計　黃雲華
封面圖片　周澄洲

行政院新聞局出版事業登記證局版臺業字第0130號

本書如有缺頁，破損，倒裝請寄回發行所更換。　ISBN 957-08-2997-4（平裝）
聯經網址：www.linkingbooks.com.tw
電子信箱：linking@udngroup.com

◎想提供見證文章的讀者，請寄到：

台北市文山區忠順街二段68號，問路咖啡，蔡伶姬收

國家圖書館出版品預行編目資料

野薑花的朋友 / 伶姬著 . --初版 .
--臺北市 . --聯經，2006 年（民 95）
352 面；14.8×21 公分 .（生活視窗：56）
ISBN 957-08-2997-4(平裝)

1.因果（佛教）-通俗作品

225.87 95005096

現代通靈者 伶姬

伶姬，東吳大學會計系畢業，原本是單純的家庭主婦，81年突然「通靈」後，閒暇時間就為有緣人解釋」生活上遭遇到的各種課題。

如來的小百合　　定價250元

「生命原來有因有果，生生世世的歷程原來都是學習。」本書是現代通靈者伶姬的見證，她單純地表達自己的通靈經驗，為人解答苦難，但不要人迷信。

蓮花時空悲智情　　定價280元

通靈者伶姬深入闡釋因果論的真義，讓讀者在了解因果緣由的同時，又能出入自得。並與大家分享「祂們」所要表達的理念，以及對台灣現狀與未來的看法。

茉莉花的女兒　　定價250元

「欲知前世因，今生受者是；欲知來世果，今生做者是。」通靈者伶姬與我們一起省思人生來由之後，再以本書與大家共勉力行。

鬱金香通靈屋　　定價280元

「心量有多大，世界就有多大。」人身難得，好好的關照這個肉體吧！能夠有機會來到人世間走一遭，絕非偶然。

通靈姬婆玫瑰心　　定價280元

你絕對可以不用知道過去世的一切而生活得很好。只要能夠改變自己的習性，樂觀、積極、助人；歡喜做、甘願受、不要阻礙了別人的成長，慈悲與智慧雙修雙運……。

滿天星的故事　　定價350元

本書全部都是來問事者的因果故事，不過增加了外國問事者，是伶姬為自己設下的挑戰

太陽花的憂鬱　　定價280元

本書是伶姬在《TVBS周刊》專欄文章的結集。主要闡述正確的「因果」態度應該——永遠把這一世當做「因」，扮演好自己這一世的「合法」角色，小心謹慎面對自己的起心動念與所作所為。

野薑花的朋友　　定價280元

伶姬與網友們把「過去世的因果故事」與「這一世實際的生活狀況」做個比較，大家一起來見證「因果」。

聯經出版公司信用卡訂購單

信用卡別：　□VISA CARD □MASTER CARD □聯合信用卡

訂購人姓名：　________________

訂購日期：　______年______月______日

信用卡號：　______ ______ ______ ______

信用卡簽名：　______________(與信用卡上簽名同)

信用卡有效期限：　______年______月止

聯絡電話：　日(O)____________夜(H)____________

聯絡地址：　□ □□________________

訂購金額：　新台幣________________元整

（訂購金額 500 元以下，請加付掛號郵資 50 元）

發票：　□二聯式　　□三聯式

發票抬頭：　________________

統一編號：　________________

發票地址：　________________

如收件人或收件地址不同時，請填：

收件人姓名：　□先生

________________□小姐

聯絡電話：　日(O)____________夜(H)____________

收貨地址：　________________

・ 茲訂購下列書種・帳款由本人信用卡帳戶支付・

書名	數量	單價	合計
		總計	

訂購辦法填妥後

直接傳眞 FAX：(02)8692-1268 或(02)2648-7859

洽詢專線：(02)26418662 或(02)26422629 轉 241

網上訂購，請上聯經網站：www.linkingbooks.com.tw